Inhalt

Stefan Cornaz, geboren 1944, unterrichtet als Gymnasiallehrer Geschichte, Deutsch und Sport. Er lebt in Basel und ist Mitglied des dortigen Kantonsparlamentes. Als Trainer und OL-Instruktor an der Eidgenössischen Turn- und Sportschule Magglingen war er viele Jahre lang in der Ausbildung von OL-Läufern und -Betreuern tätig. Cornaz ist Vizepräsident des Schweizerischen OL-Verbandes und war von 1971 bis 1980 der schweizerische Vertreter in der Internationalen OL-Föderation.

Roland Hirter, geboren 1943, arbeitet seit 1970 als selbständiger Grafiker in Bern. Er betreibt seit seiner Schulzeit regelmäßig OL, und er war jahrelang Mitglied der schweizerischen Nationalmannschaft. Seine größten sportlichen Erfolge sind: Teilnahme an den Weltmeisterschaften 1966, Schweizer Vizemeister 1966, 1968 und 1969, 2. Rang an den CISM-Meisterschaften 1969, Nacht-OL-Meister 1970.

Stefan Cornaz und Roland Hirter

ORIENTIERUNGS-LAUFEN

Jogging mit Köpfchen

Hallwag Verlag Bern und Stuttgart

Umschlagfoto: Hugo Lörtscher
Text: Stefan Cornaz
Illustrationen: Roland Hirter
Cartoons: Thomas Haegler
Fotos:
Werner Beetschen (S. 21, 44)
Roland Hirter (S. 60, 75)
Schweiz. OL-Verband (S. 22)
Walter Studer (S. 52)
Hans-Ulrich Trachsel (S. 7)
Redaktion: Christian Bachmann

Kartenausschnitt 1: 25 000 (S. 15) und
Flugaufnahme (S. 23) reproduziert mit
Bewilligung des Bundesamtes für
Landestopographie vom 1. 6. 1981,
OL-Kartenausschnitte mit Bewilligung der
OL-Vereinigung Luzern und der OL-Gruppe Bern

2., verbesserte Auflage, 1985

ISBN 3 444 50174 9

Vorwort

Die Joggingwelle rollt: auf Straßen und Wegen, über Finnenbahnen und Sportplätze, durch Parks und Wälder. Je länger ein Jogger bei der Läufergilde dabei ist, desto näher kommt er normalerweise seinem Ziel: während einer halben oder einer ganzen Stunde, vielleicht auch länger, einen zügigen Laufschritt ohne Unterbruch durchzuhalten. Doch wenn er dieses Ziel erreicht hat, verliert Jogging mehr und mehr den Charakter der Herausforderung: Jogging wird zum Programmpunkt im Wochenpensum, dessen regelmäßige Erfüllung zwar Befriedigung auslöst, doch die Begeisterung der ersten Monate erkaltet allzu rasch. Als Bestandteil des Wochenpensums wird Jogging Routine und damit langweilig.

Manch einer, der sein Laufhobby nicht zum Pflichttrott verkommen lassen will, hält deshalb Ausschau nach einer läuferischen Herausforderung, die andauert. Und manch einer ist dabei schon auf das Orientierungslaufen (OL) gestoßen, auf den Sport, der läuferische Ausdauer und geistige Beweglichkeit in einem fordert und der deshalb von Mal zu Mal neu und anders ist.

Dieses Taschenbuch ist eine Einführung für OL-Neulinge jeden Alters, die auf eigene Faust die Geheimnisse dieses faszinierenden Sports erkunden wollen. Es beschränkt sich auf den Tag-OL und läßt Spezialformen wie Nacht-OL, Staffel-OL, Ski-OL usw. beiseite. Es beschränkt sich weiter auf die orientierungstechnische Seite des Sportes. Wer nach einer Einführung in das Dauerlauftraining sucht, sei auf das Hallwag-Taschenbuch 119 «Laufen» verwiesen. Allerdings: Als Voraussetzung für den OL-Sport genügt gute läuferische Ausdauer nicht. Ein OL-Neuling kann noch so schnell laufen — wenn er sich nicht orientieren kann, kommt er nie ans Ziel. Denn OL ist Jogging mit Köpfchen.

Was ist OL?

Orientierungslauf, kurz OL genannt, ist ein Ausdauersport für Einzelsportler oder für Gruppen, der vorwiegend im Wald ausgeübt wird. Im *OL-Wettkampf* werden mit Hilfe von Karte und Kompaß Kontrollpunkte im Gelände – die mit rot-weißen Postenflaggen markierten OL-Posten – angelaufen, deren genauer Standort auf der Karte eingetragen ist.

3 Rechts: *Am Posten*
4 Unten: *OL-Karte mit OL-Bahn*

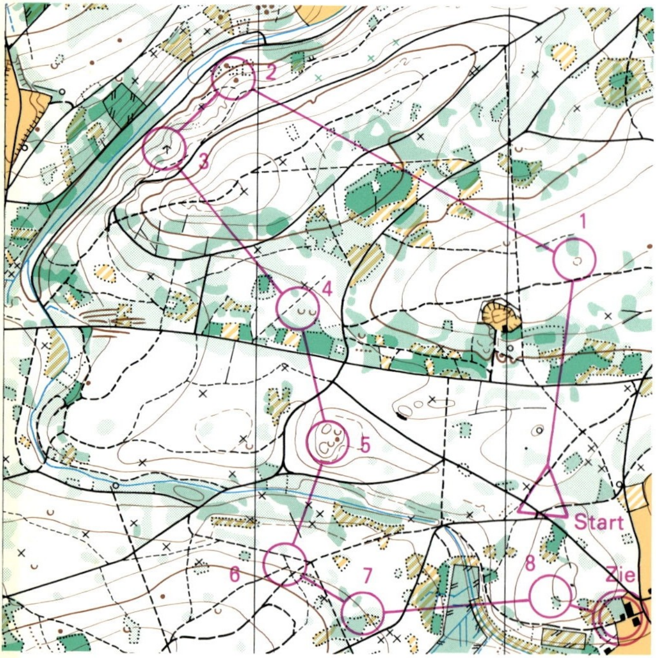

Die *Länge der OL-Bahn* liegt, je nach Alter der Teilnehmer und je nach Schwierigkeitsgrad, zwischen drei und fünfzehn Kilometern, die *Steigung* zwischen 50 m und 700 m; die *Postenanzahl* beträgt auf Anfängerbahnen etwa drei Posten, auf Könnerbahnen etwa einen Posten auf einen Kilometer.
Gestartet wird, wie im Rad-Zeitfahren, in Intervallen von zwei bis vier Minuten. Der *Weg* zwischen den Posten ist *freigestellt*, jeder Wettkämpfer wählt die ihm persönlich am ehesten zusagende Route. Hingegen müssen die Posten in der vorgeschriebenen Reihenfolge angelaufen werden. *Sieger* wird der Läufer oder die Gruppe mit der kürzesten Laufzeit zwischen Start und Ziel. Fehlende Postenquittungen haben Disqualifikation zur Folge.

OL — der Sport fürs Leben

15 000 bis 25 000 zehn- bis siebzigjährige Sportlerinnen und Sportler starten jeden Sommer in Schweden am größten OL-Wettkampf, der jährlich ausgetragen wird: am schwedischen 5-Tage-OL, dem «Femdagars». Das sind mehr aktive Sportler, als an Olympischen Spielen teilnehmen. Diese jährlich wiederkehrende Volkssportmanifestation beweist die Popularität des OL-Sportes in Schweden, wo, etwa gleichzeitig mit Norwegen, anfangs des 20. Jahrhunderts die ersten OL-Wettkämpfe ausgetragen wurden.
Der größte OL-Wettkampf in Mitteleuropa, wo der OL-Sport in den dreißiger Jahren zuerst in der Schweiz Fuß gefaßt hat, ist der Schweizer 5-Tage-OL. Er zählte in den letzten drei Austragungen zwischen 4000 und 5500 Aktive. Aber nicht nur in Europa, sondern auch in Übersee werden solche OL-Großveranstaltungen durchgeführt, bis heute mit dem größten Erfolg in Japan, Australien und in Kanada. Darin zeigt sich die weltweite Popularität des OL-Sportes, der 1977 als olympischer Sport anerkannt wurde. Welches sind die Gründe für diese Popularität?

Jeder OL ist ein kleines *Abenteuer,* das Unsicherheiten in sich birgt, deren erfolgreiche Bewältigung unser Können und unseren Willen herausfordert. Die *Ungewißheit* des unbekannten Geländes, die *Überraschung,* wenn wir im Moment des Startes die bisher unbekannte Karte mit den Posten erstmals sehen, das *Fehlerrisiko,* das in jeder Routenwahl und in jeder Kartenentscheidung liegt, der *Kampf,* den uns das Gelände, die Witterung oder der Gegner abverlangen können, in endlosen, wegarmen Wäldern oder beim Nacht-OL vielleicht manchmal sogar ein bißchen *Angst* — all das fehlt uns doch, die wir in einer überversicherten, überverwalteten, überbetreuten, genormten und manchmal eintönigen Welt leben.
Und all das bietet der OL-Sport, als Ausgleich, als Kompensation zum Alltag, als *hundertprozentige Ablenkung* von Berufs- und anderen Sorgen. Denn wer sich nicht hundertprozentig auf Gelände, Karte und Kompaß konzentriert, verliert die Orientierung, halst sich Umwege auf — und spätestens beim Ärger über die eigene Dummheit vergißt man auch die letzten Alltagssorgen. Jeder OL-Läufer ist ein *Pionier:* Allein, auf sich gestellt, muß er sich gegen alle Unsicherheiten, Risiken, Herausforderungen und Ängste durchsetzen, in völliger *Selbstbestimmung,* in frei verantwortlicher Wahl der Mittel, niemandem Rechenschaft schuldig als sich selbst, aber auch niemandem Dank schuldig als sich selbst: OL bietet genau das, was so mancher in Schule, Beruf und Alltag vermißt.

Unterschiedliche Leistungsanforderungen

Damit dem Neuling der Einstieg in dieses Selbstbestätigungsabenteuer nicht allzu schwer fällt, werden an den meisten Wettkämpfen auch *Gruppenkategorien* ausgeschrieben, in denen man zu zweit oder zu dritt, ausnahmsweise gar zu viert auf Postensuche geht. Besonders im Herbst werden etliche Wettkämpfe organisiert, die nur den Mannschaften offenstehen. Da zeigt sich dann, daß OL-Läufer auch im Team harmonieren.
Zu den Vorzügen dieses Sportes gehört auch die *Unterschiedlichkeit der Leistungsanforderungen.* In anderen Sportarten ist die Definition der guten Leistung meist sehr absolut und von Außenstehenden kontrollierbar: Wer hinter der Ranglistenmitte

klassiert ist, kann für sich kaum mehr eine gute Leistung in Anspruch nehmen. Im OL hingegen können auch ungeübte Kartenleser oder untrainierte Läufer, die keine Spitzenzeit erzielen, Befriedigung über ihre Leistung empfinden: Sie haben die Posten gefunden, sie haben das Ziel erreicht, sie haben die Herausforderung des Unbekannten angenommen und bestanden. Wegen des breiten Kategorienfächers in den OL-Wettkämpfen müssen sie sich auch nicht mit den Besten ihrer Altersklasse messen und können demzufolge auch die Rangliste ohne Minderwertigkeitsgefühle durchlesen.

OL — der Familiensport

«Sport für alle» ist heute ein Schlagwort. Es gibt kaum mehr einen Sportverband, der nicht behauptet, die von ihm vertretene Sportart sei ein «Sport für alle». Doch wenn man sich einmal genauer überlegen würde, welche Voraussetzungen erfüllt sein müssen, bis sich eine Sportart dieses Etikett umhängen kann, würde man es wohl etwas sparsamer verwenden.
Der bundesdeutsche Sportwissenschaftler *Professor Herbert Hartmann* hat die Bedingungen, denen ein «Sport für alle» genügen muß, wie folgt umschrieben:

1. Die Sportart «muß gleichermaßen zugänglich sein für Teilnehmer mit unterschiedlichem Können, unterschiedlichem Alter und Geschlecht sowie unterschiedlicher gesellschaftlicher Herkunft. Dabei sollte sie ein individuelles Eingehen auf das jeweilige Bewegungsbedürfnis und den Leistungswillen ermöglichen.
2. Sie sollte einerseits leicht und schnell erlernbar sein und keine technisch komplizierten Bewegungsabläufe beinhalten. Sie sollte allerdings so vielfältige und komplexe Handlungsstrukturen aufweisen, daß das Interesse an der Sportart lange erhalten bleibt und Monotonie sich nicht zu schnell einstellt.

3. (Der Sport . . .) sollte weitgehend unabhängig sein von der Jahreszeit, vom Wetter, von genormten Sportstätten und größeren finanziellen Aufwendungen für Sportgeräte und Sportbekleidung. Eine Vereinsmitgliedschaft sollte nicht notwendig sein.
4. Er sollte Anregung geben zur freien, eigenständigen Bewegungsgestaltung.
5. Er sollte anregen zum gemeinsamen Handeln, Planen und Sprechen mit andern.

Man könnte meinen, dieses Anforderungsprofil an einen «Sport für alle» sei mit Blick auf den OL-Sport zusammengestellt worden! Kaum eine Forderung, die im OL-Sport nicht vollauf erfüllt wäre. Daß das bei Punkt 4 der Fall ist, wurde im letzten Kapitel gezeigt.
Auch Punkt 3 ist erfüllt: OL ist praktisch ein *Ganzjahressport* mit Saisonschwerpunkten im Frühling und im Herbst. Der Sommer ist für die großen internationalen Mehretappenläufe reserviert. Im Winter herrscht zwar weitgehend Wettkampfpause, aber Trainingswettkämpfe, Ski-OL-Wettkämpfe und andere originelle OL-Formen sorgen dafür, daß auch im Winter das OL-Fieber nicht erlischt. *Wetterunabhängig* ist OL auch, denn die Wettkämpfe finden bei jeder Witterung statt. Auf genormte Sportstätten kann der OL verzichten. Sein *Stadion ist der Wald,* den stellt uns die Natur zur Verfügung. Was uns die Natur allerdings nicht anbieten kann, ist eine OL-Karte, die beim Orientieren gegenüber herkömmlichen Karten eine große Vereinfachung darstellt (vgl. Kapitel «Die OL-Karte»). Was Sportkleidung und Sportgerät betrifft, so zeigt uns das Kapitel «Die Ausrüstung», daß *OL billig* ist wie kaum eine andere Sportart. Schließlich und vor allem: OL ist *lizenzfrei,* Mitgliedschaft in einem Verein ist nicht erforderlich, man kann also Landesmeister werden, ohne einem Verein anzugehören!
Zu Punkt 2: Daß OL «leicht und schnell erlernbar» sei, versuchen wir im praktischen Teil dieses Taschenbuches zu beweisen. Daß OL aber gleichwohl so komplex ist, daß «Monotonie sich nicht zu schnell einstellt», dürfte aus den bisherigen Ausführungen hinlänglich deutlich geworden sein.

Zu Punkt 1: Der *breite Kategorienfächer,* der in jedem öffentlichen OL ausgeschrieben wird, ist der sichtbare Beweis dafür, daß OL «für Teilnehmer mit unterschiedlichem Können, unterschiedlichem Alter und Geschlecht» zugänglich ist: Bei Einzelläufen werden heute über 20 Kategorien ausgeschrieben, Zehn- bis Sechzigjährige beiderlei Geschlechts finden die ihnen angemessene Altersklasse, in den teilnehmerstärksten Jahrgängen wird noch nach Schwierigkeit und Länge der Bahn differenziert, so daß wirklich jedermann eine Wettkampfbahn findet, die seinem orientierungstechnischen und läuferischen Können entspricht.
Deshalb gilt OL mit Recht als *Familiensport:* Solange die Kinder noch klein sind, steht die Kategorie «Familien» offen, die vor allem an Mannschaftsläufen ausgeschrieben wird, an denen man oft Väter mit dem Jüngsten im Huckepack antreffen kann. Wenn die Kinder größer werden, stehen ihnen eigene Kategorien zur Verfügung, ebenso dem Vater und der Mutter. So fährt die Familie gemeinsam zum Sammelort, bestreitet gemeinsam oder einzeln den OL, wobei jedes Familienmitglied die Probleme der Bahnlegung und des Geländes etwas anders erlebt. Der Austausch der Erlebnisse und Erfahrungen nach dem Wettkampf, die gemeinsame Suche nach persönlichen Fehlern und Schwächen, vielleicht sogar der Vorsatz des Sohnes, für die Familie bei nächster Gelegenheit als «Privattraining» einige Posten in den Wald zu hängen — das sind Gemeinschaftserlebnisse, die zeigen, daß auch Punkt 5 in Professor Hartmanns Forderungsliste erfüllt ist: Auch der Einzel-OL-Läufer ist glücklich, am Ziel seine Familie, seine Freunde, seinen Klub oder seine Konkurrenten anzutreffen.
Daß OL ein Familiensport ist, zeigt sich übrigens auch darin, daß in vielen Familien Vater und Mutter im Alter von 40 oder mehr Jahren mit OL angefangen haben: weil ihre Kinder aus der Schule oder von Freunden den OL-Virus nach Hause getragen haben, bis die Eltern, nach anfänglich unwilligen Chauffeurdiensten, ebenfalls davon gepackt wurden, Karte und Kompaß selbst zur Hand nahmen und ihrerseits auf Postensuche gingen. Die mehrfach wiederkehrenden Familiennamen in OL-Start- und -Ranglisten widerspiegeln diesen Vorgang eindeutig.

Die OL-Karte

Die OL-Karte ist das wichtigste Hilfsmittel des OL-Läufers. Sie ist einerseits sein *Sportgerät:* Ohne Karte ist es unmöglich, die Posten im Gelände gezielt anzulaufen. Anderseits ist es auch erst die OL-Karte, die den Wald zur *Sportanlage* werden läßt; denn ein Wald, von dem keine OL-Karte besteht, fällt heute für den OL-Sport außer Betracht.
Worin besteht denn der Unterschied der OL-Karte zu anderen Karten? Während die amtlichen topographischen Karten, in der Schweiz z. B. die Landeskarte 1: 25 000, ausgezeichnete Mehrzweckkarten sind, die in Wald und Wiesland, in Dorf und Stadt, in Mittelland und Voralpen, in Fels und Eis mit der gleichen Genauigkeit aufgenommen sind und deshalb sehr vielseitig verwendet werden können, ist die OL-Karte eine Spezialkarte für die besonderen Bedürfnisse des OL-Sportes.
Die wichtigste Anforderung, die an eine OL-Karte gestellt wird, besteht darin, daß sie allen Läuferinnen und Läufern *gleiche Wettkampfbedingungen* bietet. Sie soll den Heimvorteil ausschließen, so daß einheimische Wettkämpfer nicht «Schleichwege» benützen können, die auf anderen, weniger genauen Karten nicht eingezeichnet und deshalb den ortsfremden Konkurrenten nicht bekannt sind. Sie soll zweitens den Zufall ausschließen, indem wirklich alle die Laufgeschwindigkeit beeinflussenden Hindernisse oder Erleichterungen der Karte entnommen werden können: Dickichte, Einzäunungen, Kahlschläge, Jungpflanzungen, neue Wege usw. Der Läufer soll also der Karte zuverlässig entnehmen können, was ihn auf seiner Route erwartet. Nur so ist sportliche Gerechtigkeit gewährleistet.

Die Besonderheiten der OL-Karte

Aus diesem Anforderungsprofil ergeben sich folgende Besonderheiten der OL-Karten:

- OL-Karten sind in einem größeren *Maßstab* gedruckt als andere Karten. Normalerweise ist es der Maßstab 1:15 000, auf älteren Karten vereinzelt auch noch 1:16 666, auf Schulungs-

5—7 *Vergleich der Strecken und Flächen in den gebräuchlichsten Maßstäben. Je größer der Maßstab, desto lesbarer die Karte.*

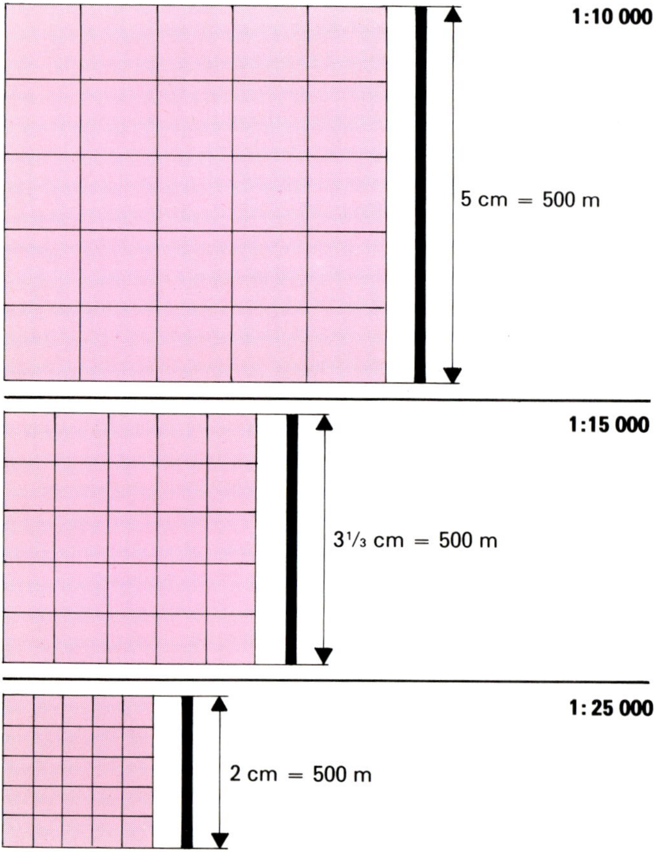

8 *Vergleich zwischen Schweizer Landeskarte und OL-Karte: Der gleiche Geländeabschnitt wird auf der OL-Karte vollständiger und detailreicher wiedergegeben.*

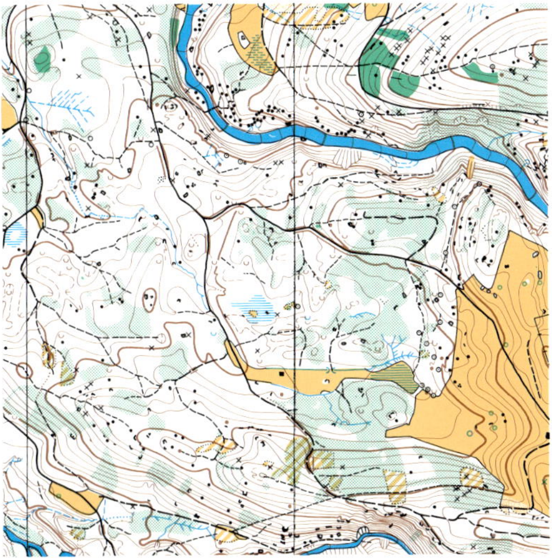

OL-Karte 1:15 000

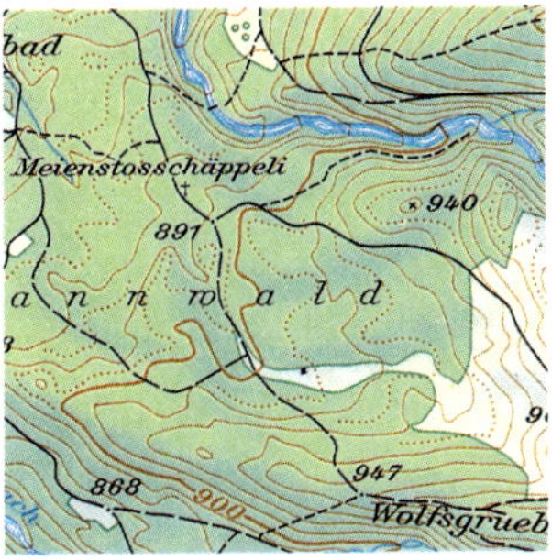

Landeskarte 1: 25 000

karten auch 1:10 000 *(vgl. Abb. 5–7)*. Da die OL-Karte viel mehr Details enthält als andere Karten und da sie zudem, mindestens von geübten Läufern, im Lauftempo gelesen wird, ist es logisch, daß der Maßstab größer als üblich sein muß, weil das die *Karte besser lesbar* werden läßt.

- Die Äquidistanz, das heißt der senkrechte Abstand von Höhenkurve zu Höhenkurve (vgl. Kapitel «Wie lese ich die Karte?»), ist auf der OL-Karte kleiner als auf anderen Karten, normalerweise 5 m (gegenüber 10 m oder gar 20 m auf topographischen Karten 1:25 000). Diese *kleinere Äquidistanz* erlaubt die vollständigere Wiedergabe der Geländeformen im Kartenbild.

- Aber nicht nur in der Darstellung der Geländeformen ist die OL-Karte vollständiger als andere Karten, sie enthält generell *mehr Details*. Wege bis zu den feinsten Pfaden, Einzäunungen und kleinste Objekte wie Futterkrippen, Steinblöcke, Löcher und Rinnen erleichtern vor allem die Feinorientierung im Postenraum *(vgl. Abb. 8)*.

- Als absolute Exklusivität widerspiegelt die OL-Karte auch die *Belaufbarkeit* des Waldes. Mit einem Blick auf die Karte erkennt der Läufer, wo die fürs Querwaldeinlaufen günstigen freien Flächen, wo die mitteldicht bewachsenen und wo die schwer passierbaren Flächen sind. Da die Läufer dank diesen Hinweisen auf der OL-Karte nicht mehr ins Dickicht eindringen, wo das Wild seine Ruheplätze hat, kann die OL-Karte auch als naturschutzfreundlich bezeichnet werden; dies vor allem auch deshalb, weil durch den Hinweis auf die Einzäunungen auch der Jungwuchs besser geschützt ist.

- Daß die OL-Karte wegen der beschriebenen Besonderheiten auch *mehr Signaturen* enthält als andere Karten, liegt auf der Hand. Diese Signaturen sind international geordnet. Sie sind auf Seite 32 f. zusammengestellt.

Bleibt die Frage, *wo OL-Karten zu beziehen* sind. An Wettkämpfen sind sie natürlich im Startgeld inbegriffen und werden

den Teilnehmern abgegeben. Meistens können bei der Garderobe auch weitere Karten der Region gekauft werden. Oft sind OL-Karten auch in Sportgeschäften oder Buchhandlungen erhältlich. Sicher aber können die örtlichen OL-Vereine, die meist Produzenten und Verleger der OL-Karten sind, die Kartenverkaufsstellen nennen. Die Adressen der Vereine sind über die Landesverbände zu erfahren, die im Kapitel «Weitere Informationen über OL» auf Seite 78 genannt sind.

OL-Ausrüstung: ganz individuell

Wie schon im zweiten Kapitel erwähnt wurde, ist OL billig: Am OL-Läufer macht die Sportartikelindustrie kein großes Geschäft. Das mag ein Grund sein, warum der OL-Sport vorläufig als wenig kommerzialisiert gilt. Hier gilt noch die Aufforderung: *«Komm, wie Du bist!»* Außer dem Kompaß gibt es im OL wohl keinen Ausrüstungsgegenstand, den man eigens kaufen müßte. Unsere OL-Ausrüstung liegt mit größter Wahrscheinlichkeit schon vollständig bei uns zu Hause, falls wir nicht den Anspruch erheben, wie ein Halbprofi an den ersten Start zu gehen.

Karte und Kompaß

Was brauchen wir an Ausrüstungsgegenständen für unsere ersten OL-Versuche im Nachbarwald oder für den ersten organisierten OL-Anlaß? Natürlich eine *OL-Karte.* Bei offiziellen Anlässen wird sie abgegeben, für private Trainings kaufen wir sie in Sportgeschäften, Buchhandlungen oder beim örtlichen OL-Klub. Der *Kompaß* ist nicht einmal unbedingt erforderlich; wenn man als Team den OL bestreitet, genügt ein Kompaß für die ganze Gruppe. Doch bald schon werden wir uns selbständiger machen und damit einen eigenen Kompaß besitzen wollen. Empfehlenswert sind die durchsichtigen Modelle aus schweizerischer, schwedischer oder finnischer Produktion, weil sie für OL-Zwecke am einfachsten zu handhaben sind. Sie sind in Sporthandlungen oder beim Optiker erhältlich.

9 *Die Schuhe sollten geländegängig sein*.

Kleidung und Schuhe

Die *Kleidung* richtet sich nach unserem Lauftempo. Wanderkleidung kann genauso richtig sein wie Jeans und T-Shirt, wie ein Trainingsanzug oder wie leichte Sportkleidung. Immerhin sind *lange Hosen* zu empfehlen, da sonst Brombeeren und Unterholz leicht die Beine zerkratzen.

Die *Schuhe* sollten geländegängig sein und guten Halt gewähren. Für ein gemütliches Tempo können das die Wanderschuhe sein. Wer ab und zu einen Laufschritt einlegen will, wird sich in geländegängigen Turnschuhen wohler fühlen, und mit Gumminocken an den Sohlen beseitigen wir auch die Gleichgewichtsprobleme am Schräghang und auf glitschigen Wegen.

Schreibzeug

Was wir sonst noch brauchen, ist lediglich ein roter Farbstift, ein roter Kugelschreiber oder, am besten, ein *wasserfester roter Filzstift* mit sehr dünner Schreibspitze. Damit zeichnen wir die Posten auf unsere Karte ein. Damit wir ihn nicht während des ganzen Wettkampfes in den Fingern halten müssen, die ja mit Karte und Kompaß schon genügend beschäftigt sind, befestigen wir unseren Filzstift an einem Bändel und tragen dieses *um den Hals (vgl. Abb. 10)*.

Der letzte Ausrüstungsgegenstand, auf den auch ein Wettkampfneuling nicht verzichten sollte, ist eine *Plastikhülle für die*

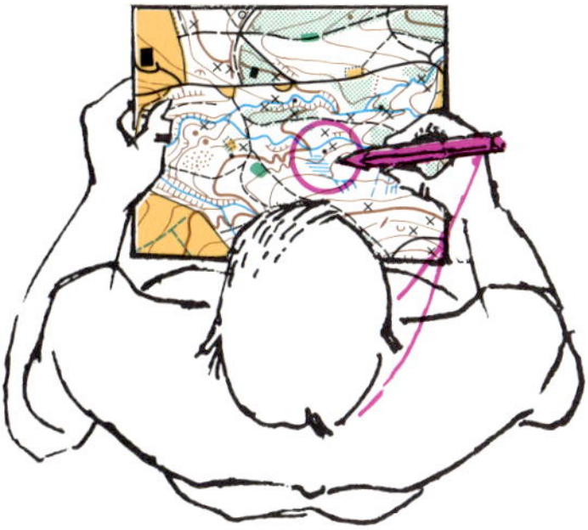

10 *Wasserfesten roten Filzstift am Bändel um den Hals tragen*

11 *Postenbeschreibungen am Dreß oder am Unterarm befestigen*

Postenbeschreibungen. An OL-Wettkämpfen werden meistens Postenbeschreibungen abgegeben, die über die Kennziffer und die genaue Lage des Postens innerhalb des Postenkreisleins informieren *(vgl. Abb. 47, Seite 71).* Die Postenbeschreibungszettel haben normalerweise halbe Postkartengröße. Am besten schieben wir sie in eine Plastikhülle, wie sie beispielsweise für Skiliftabonnemente gebräuchlich ist, und befestigen die Hülle samt Postenbeschreibungen mit einer *Sicherheitsnadel* auf Magenhöhe an unserem Dreß. Geübte Wettkämpfer tragen die Postenbeschreibungen auch am Unterarm *(vgl. Abb. 11).*

Früher brauchte man an OL-Wettkämpfen noch Plastiktaschen für die Karte, Kartenunterlagen und Umrechnungsmaßstäbchen. Darauf können wir heute verzichten: Moderne OL-Karten sind auf wasser- und reißfestem synthetischem Papier gedruckt, und Umrechnungsmaßstäbchen oder Millimeterskalen finden wir an den Kanten des OL-Kompasses.

Für Könner . . .

Spezialisten besitzen eine Ausrüstung, die auf die besonderen Anforderungen des OL-Sportes zugeschnitten ist. Sie laufen in extraleichten, luftdurchlässigen und sehr reißfesten Nylonanzügen. Manchmal tragen sie auch nur die Hose aus diesem Material, während das Oberteil durch ein kurz- oder langarmiges T-Shirt ersetzt wird. Kunststoffbeschichtete OL-Stulpen oder OL-Socken bieten Schutz gegen Brombeeren. OL-Schuhe, von denen schon eine breite Modellpalette auf dem Markt ist, sind extraleicht, abwaschbar und bieten dank ausgeklügelter Nockensohle in jedem Gelände guten Halt. Mit einem Stirnband hält sich der Wettkämpfer den salzigen, brennenden Schweiß von den Augen fern, und gegen die Gefahr, sich bei einem Fehltritt den Fuß zu übertreten, schützt er sich mit einem Klebeverband, der dem Fußgelenk die erforderliche Stabilität verschaffen soll.
Wer die beschriebenen OL-Ausrüstungsgegenstände im örtlichen Sporthandel nicht findet, wendet sich an die OL-Versandgeschäfte, die in den OL-Fachschriften inserieren (vgl. Kapitel «Weitere Informationen über OL»).

Wie lese ich die Karte?

Im Kapitel «Die OL-Karte» wurde gezeigt, was diese von herkömmlichen Karten unterscheidet und welches die Vorteile der OL-Karte sind. Auf den folgenden Seiten soll nun deutlich werden, wie man aus der OL-Karte alle erforderlichen Informationen über ein bestimmtes Gebiet herausliest. Die Karte ist ein *Abbild der Wirklichkeit.* Dieses wird am besten verständlich, wenn wir die einzelnen Darstellungsweisen des Geländes miteinander vergleichen.

12 *Geländeansicht: verzerrte Wirklichkeit*

Die Geländeansicht *(vgl. Abb. 12)*
Gehen wir aus von der Geländeansicht: So zeigt sich uns ein Gebiet, wenn wir es zum Beispiel als wandernder Hobbyfotograf festzuhalten versuchen. Doch eine solche Ansicht ist als Abbild der Wirklichkeit, was eine Karte ja sein soll, nur beschränkt brauchbar. Denn in Gräben und hinter Hügeln ist das Gelände nicht erkennbar, und sogar hinter Bäumen können sich noch Details verbergen, beispielsweise Häuser und Straßen.

13 *Flugbild: Verzerrung beseitigt*

Zudem sind einer Geländeansicht auch die Distanzen nur sehr ungenau zu entnehmen, denn sie werden durch die Perspektive verzerrt.

Das Flugbild *(vgl. Abb. 13)*
In dieser Hinsicht leistet das Flugbild schon viel bessere Dienste als die Geländeansicht. Es kommt dem Prinzip der Karte insofern näher, als es das Gelände von senkrecht oben erfaßt und

damit die perspektivische Verzerrung beseitigt. Deshalb ist das Luftbild für die Orientierung im Gelände schon eine recht brauchbare Hilfe. Bewachsung und Bebauung sowie größere Gewässer und Straßen lassen sich im erfaßten Gebiet auf dem Luftbild problemlos und in den richtigen Größenverhältnissen erkennen. Probleme der Perspektive wie in der Geländeansicht gibt es keine. Schwieriger wird es bloß bei kleineren Wegen und Hütten, vor allem im Wald. Da versagt das Luftbild als Orientierungshilfe, denn solche Details sind auf ihm nicht mehr zu erkennen.

Was das Luftbild als Orientierungshilfe bietet, entspricht einer *reduzierten Karte (vgl. Abb. 14),* die, abgesehen von der Grundfarbe Weiß (für Wald), nur aus den drei Farben *Gelb* (für offenes Gelände), *Blau* (für Gewässer) und *Schwarz* (für Kunstbauten) besteht. Wer diese reduzierte Karte mit der vollständigen Karte auf Seite 15 vergleicht, stellt fest, was fehlt: Genau wie das Luftbild sagt sie nichts aus über Höhenunterschiede und Geländeformen. Wir erkennen keine Hügel und keine Gräben, keine Plateaus und keine Steilhänge, keine Sättel und keine Gruben, keine Böschungen und keine Senken, keine Rippen, keine Nasen und keine Mulden. All dies machen erst die Höhenkurven sichtbar.

Die Höhenkurvenkarte *(vgl. Abb. 15)*

Ob Waldpartien gefällt oder aufgeforstet werden, ob Wege gebaut oder überwuchert werden, ob Waldhütten errichtet werden oder zerfallen — die *Geländeform* bleibt praktisch unveränderlich, sie überdauert alle Zeiten, wenn wir von größeren Bauwerken wie Autobahnen einmal absehen. Diese Zeitlosigkeit, diese fast unbeschränkte Aktualität macht die Höhenkurve zur wichtigsten Signatur auf der Karte.

Wie definieren wir die *Höhenkurve*? Sie verbindet alle Punkte der Erdoberfläche, die auf gleicher Höhe über Meer liegen. Vielleicht können wir uns die Höhenkurve besser *modellhaft* vorstellen:

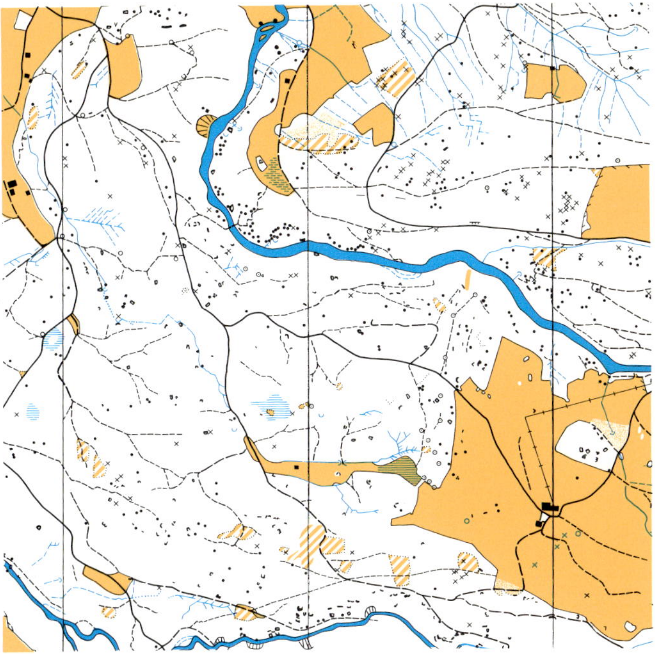

14 *Reduzierte Karte: Wie im Flugbild fehlt . . .*

- Die einzelnen Schichten eines Spanplattenreliefs entsprechen den Höhenkurven *(vgl. Abb. 16).*
- Die Kuhwege auf steilen Alpweiden verlaufen meistens genau auf gleichbleibender Höhe, können also mit sichtbaren Höhenkurven verglichen werden.
- In einen halbvollen Brunnen oder in ein Wasserbecken oder in eine seichte Stelle eines Sees legen wir einen Steinbrokken, der nicht ganz im Wasser verschwindet: Wo der Wasserspiegel den Stein berührt, verläuft die Höhenkurve.

15 *Höhenkurvenkarte: . . . die Geländeform.*

Diese Beispiele und die Abbildung 16 dürften deutlich gemacht haben, wie man sich die Höhenkurve vorzustellen hat. Damit ist ein wichtiger Schritt getan, denn das Verständnis der Höhenkurve ist entscheidend für das Verständnis der Karte überhaupt.

Den vertikalen Abstand von Höhenkurve zu Höhenkurve nennt man *Äquidistanz.* Sie ist von Karte zu Karte verschieden. Auf OL-Karten beträgt sie meistens 5 m. Da jede Karte das Gelände

16 *Die Schichten eines Spanplattenreliefs entsprechen den Höhenkurven.*

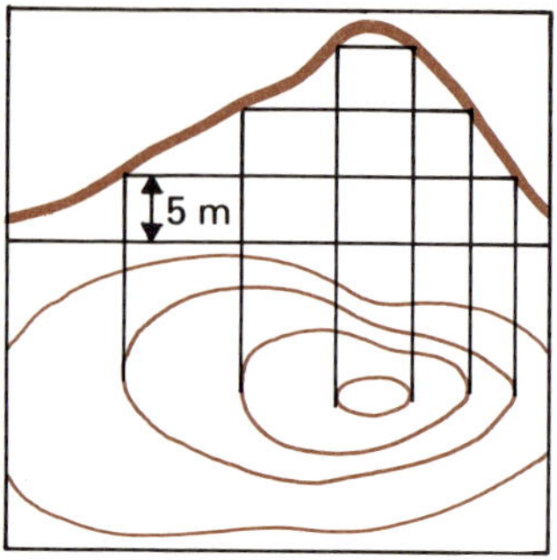

17 *Die Äquidistanz*

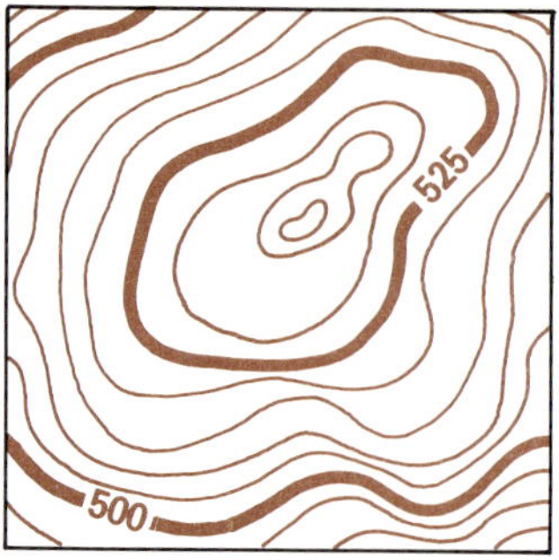

18 *Die Zählkurven*

von senkrecht oben abbildet, ist die *Hangneigung* dort, wo die Höhenkurven nahe beisammenliegen, steil, dort, wo sie weiter voneinander entfernt sind, ist das Gelände flacher *(vgl. Abb. 17)*.

Besonders in steigungsreichen Gebieten mit vielen Höhenkurven erweist es sich als Vorteil, daß die Kartenzeichner in der Regel jede fünfte Höhenkurve etwas dicker ausziehen *(vgl. Abb. 18)*. Diese dickeren Höhenkurven nennt man *Zählkurven*. Sie erleichtern die Berechnung von Steigung und Gefälle, denn statt jede Höhenkurve, die wir auf dem Weg zum nächsten Posten «überqueren», einzeln zu zählen und am Schluß mit der Äquidistanz von 5 m zu multiplizieren, können wir die gleiche Berechnung mit Hilfe der Zählkurven einfacher und schneller anstellen.

Zwischenkurven nennt man Höhenkurven, die bei Bedarf in flacheren Gebieten und in stark coupierten Geländeteilen eingezeichnet werden, wenn sonst allzu viele Geländemerkmale zwischen den Höhenkurven verschwänden *(vgl. Abb. 19)*.

Jetzt gehen wir daran, die *Geländeform* aus den Höhenkurven herauszulesen.

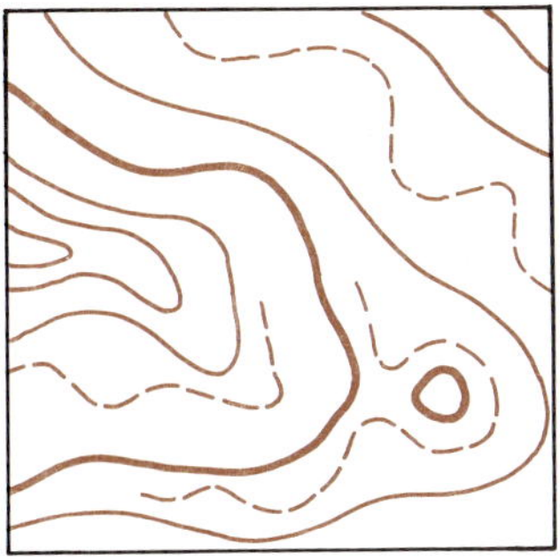

19 *Die Zwischenkurven*

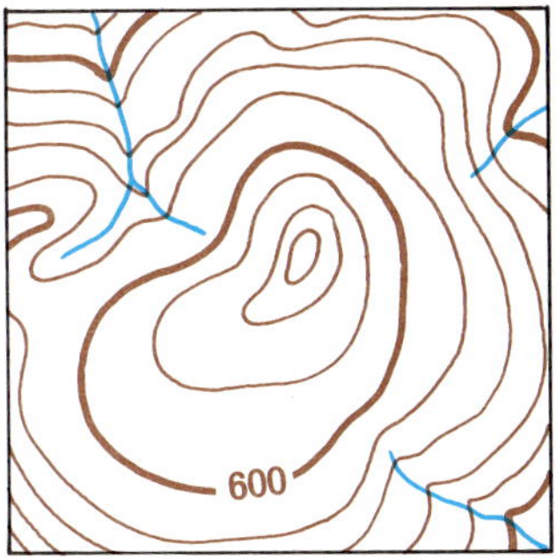

20 *In welcher Richtung neigt sich das Gelände?*

- Prüfen wir als erstes, in welcher Richtung sich das Gelände auf der Karte neigt. Wir erkennen das an den Höhenzahlen oder an den Bachläufen. Sollten aber einmal sowohl Bäche wie auch Höhenzahlen fehlen, können wir uns auch auf die Höhenkurven verlassen: Überall dort, wo in einer in sich geschlossenen Höhenkurve kein engeres Höhenkurven-«Ringlein» mehr zu sehen ist, ist ein höchster Punkt, von dem aus das Gelände nach allen Seiten abfällt *(vgl. Abb. 20)*.
- Um die Höhenkurve richtig deuten zu können, müssen wir uns vorstellen, daß wir hoch oben am Hang stehen und hinunterblicken. Wenn sich die Höhenkurve dann gegen uns krümmt (nach innen), bezeichnet sie einen Graben oder Einschnitt, wenn sie sich von uns weg (nach außen) krümmt, eine Rippe oder einen Geländerücken *(vgl. Abb. 21)*.
- Wir können uns das auch vorstellen mit Hilfe unserer Hand: Wir legen sie mit dem Handrücken nach oben flach auf den Tisch. Unterhalb des Fingernagels des kleinen Fingers lassen wir in Gedanken eine Höhenkurve beginnen, die nun auf halber Höhe des kleinen Fingers nach hinten bis an die Fingerwurzel läuft, von dort auf halber Höhe des Ringfingers wieder

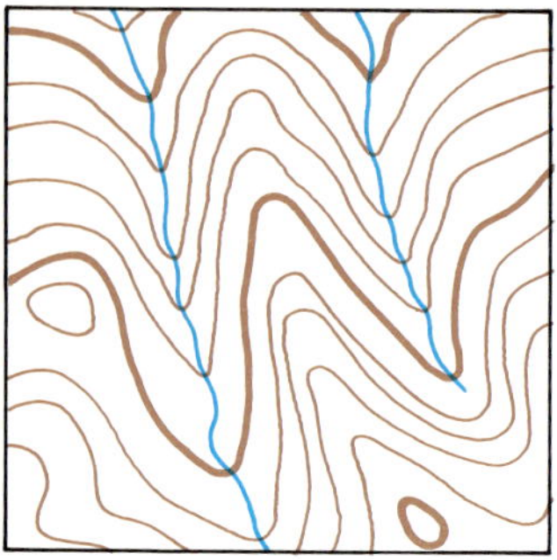

21 *Gelände immer von oben betrachten!*

22 *Die Hand als Höhenkurvenmodell*

nach vorne zum Fingernagel kommt, von hier wieder nach hinten zum mittleren Finger und so fort bis zum Daumen.
Überall dort, wo sich diese «Höhenkurve» von «oben am Hang» bzw. vom Handgelenk aus gesehen nach innen krümmt, bezeichnet sie tatsächlich einen «Einschnitt», nämlich den «Graben» zwischen den einzelnen Fingern, und wo sie sich nach außen krümmt, bezeichnet sie jeweils einen «Rücken», nämlich die Finger unserer Hand *(vgl. Abb. 22).*

Die Signaturen

Die Höhenkurven stellen zwar die Geländeform fast lückenlos dar, aber über Bewachsung, Bebauung, Erschließung und Gewässer sagen sie nichts aus. Diese Auskünfte liefern die Signaturen.
Die Signaturen auf den OL-Karten sind von der Internationalen Orientierungslauf-Föderation (IOF) weltweit vereinheitlicht. Rund um den Erdball, von Australien bis zum Nordkap und von Kalifornien über Europa bis nach Japan werden auf OL-Karten also die gleichen Signaturen verwendet *(vgl. Abb. 23).*

Aufgabe A: Weise jedem Geländeschnitt das entsprechende Höhenkurvenbild zu.
(Lösung siehe Seite 76)

1 	A 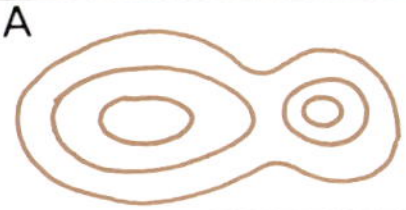	1
2 	B 	2
3 	C 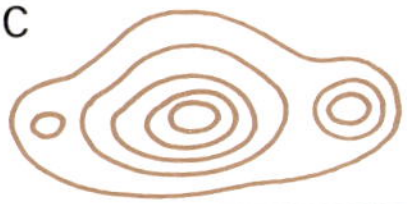	3
4 	D 	4
5 	E 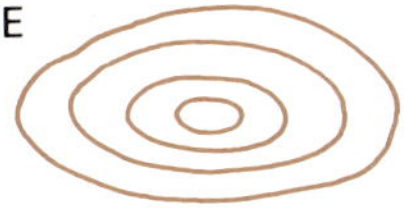	5

Aufgabe B: Weise jeder Geländeform den entsprechenden Posten zu. (Lösung siehe Seite 76)

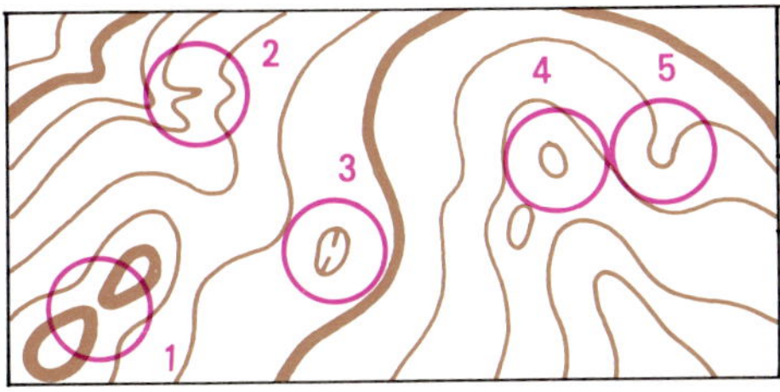

A Mulde	
B Sattel	
C Senke	
D Graben	
E Hügel	

23 *Die Signaturen für OL-Karten sind international genormt.*

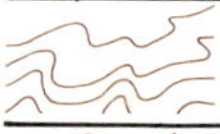	Höhenkurve		Höhle
	Hügel		unpassierbare Grube
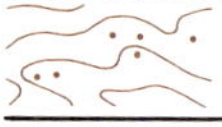	kleine Kuppe		Stein großer Stein
	Senke		Blockfeld Geröllfeld
	kleine Senke Loch		Steingebiet
	Graben		See, Teich
	Trockenrinne		Wassertümpel
	kleinkupiertes Gelände		Wasserloch
	Böschung Grube		unpassierbarer Fluß
	Erdwall		Bach
	besonderes Geländeobjekt		Wasserrinne
	unpassierbare Felswand		Sickerbach Sumpfstreifen
	passierbarer Fels		Sumpf
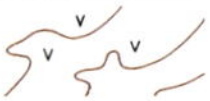	Felsloch		Quelle

	Brunnen
	besonderes Gewässerobjekt
	offenes Gebiet
	halboffenes Gebiet
	Kahlschlag
	deutlicher Waldrand
	leichte Behinderung
	starke Behinderung
	durchkämpfbar
	Kulturgrenze
	Einzelbaum Baumreihe
	besonderes Vegetationsobjekt
	Straße
	Fahrweg Karrweg
	Fußweg Pfad

	Steg
	Schneise
	Eisenbahn
	Starkstromleitung Seilbahn
	Mauer Steinwall
	passierbarer Zaun
	unpassierbarer Zaun
	Gebäude
	Siedlungsgebiet
	Ruine
	Schießplatz
	großer Turm kleiner Turm
	Futterkrippe
	Grenzstein
	besonderes kleines Objekt

Nach der rasanten Entwicklung des OL-Sportes in den letzten zehn bis fünfzehn Jahren ist jetzt im technischen Standard eine gewisse Beruhigung eingetreten. Das macht sich auch im Kartenwesen bemerkbar, wo nicht mehr jährlich neue Darstellungsvorschriften und neue Signaturen herausgegeben werden. Man kann also davon ausgehen, daß die OL-Karten, wie wir sie heute kennen, in den nächsten Jahren im wesentlichen kein neues Aussehen erhalten werden; die Signaturen auf Seite 32 f. werden ihre Gültigkeit behalten.

Aufgabe C: Nenne die Objekte, die der Läufer auf der gestrichelten Route antrifft, in der richtigen Reihenfolge.
(Lösung siehe Seite 76)

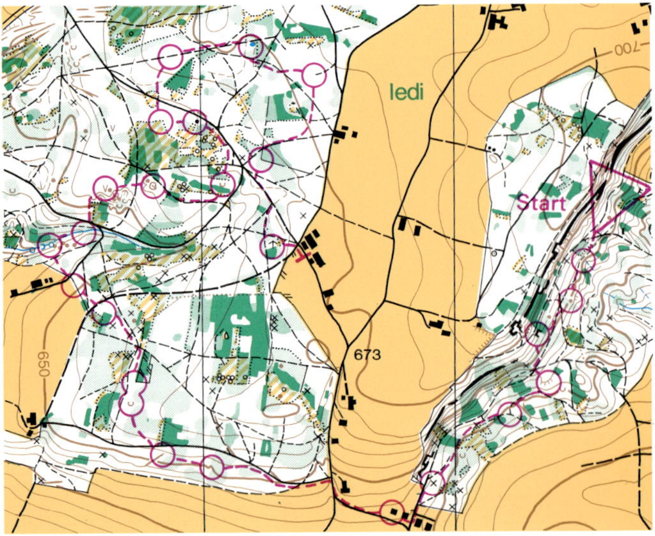

Feuertaufe oder **Wie finde ich mich im Gelände zurecht?**

«Grau, teurer Freund, ist alle Theorie, und grün des OLs goldner Baum» heißt es, nur um ein einziges Wort verändert, schon in Goethes «Faust». Darum ist es jetzt höchste Zeit, daß wir uns nach dem theoriegesättigten Kapitel, das unser Verständnis für die Darstellung der Geländeformen und der von der Karte erfaßten Objekte geschärft hat, endlich dem grünen oder – frei nach Goethe – sogar goldenen OL-Baum in der Praxis zuwenden.

Welches *Gelände* eignet sich für unsere Feuertaufe als OL-Läufer? Es soll *weder zu steil noch zu flach* sein, denn allzu steiles Gelände verunmöglicht interessante Orientierungsaufgaben, allzu flaches Gelände schließt die Orientierung nach Höhenkurven aus, und diese ist, wie gesagt, von elementarer Bedeutung.

Zweitens sollten unsere ersten Schritte als OL-Läufer in einem Gebiet getan werden, von dem eine *OL-Karte* besteht, die nicht über drei Jahre alt sein soll. Denn je älter eine Karte ist, desto ungenauer wird sie, und das erschwert insbesondere dem Neuling das Kartenlesen.

Drittens sollte diese Karte nach Möglichkeit in einem großen Maßstab gedruckt sein, also *1:10 000 oder 1:5000,* denn ein großer Maßstab macht die Karte lesbarer und übersichtlicher. Allerdings sollte man sich von kleineren Maßstäben (z. B. 1:15 000) nicht von einem Kartenleseversuch im Gelände abhalten lassen. Wer die Karte sorgfältig liest, wird auch als Anfänger mit einer 1:15 000er Karte gut zurechtkommen. Immerhin finden ja die meisten OL-Wettkämpfe mit solchen Karten statt!

Viertens wäre es für unsere Feuertaufe eine große Hilfe, wenn in unserem «Premieren-Gelände» ein festes Postennetz, auch *OL-Parcours* genannt, vorhanden wäre. Auf solchen OL-Parcours steht ein Postennetz von normalerweise 15 bis 40 Posten jedermann zur Verfügung. Aktive Klubs bieten zu Trainingszwecken auch temporäre Postennetze an, die wöchentlich oder monatlich wechseln. Sie bieten dem Benützer mehr Abwechslung, aber die Beschaffung der Karten ist vielleicht etwas aufwendiger als bei einem permanenten OL-Postennetz.

Also: In einem Waldstück, von dem eine OL-Karte im Maßstab 1:10 000 oder 1:5000 besteht, das weder zu steil noch zu flach ist und in dem nach Möglichkeit ein permanentes oder ein temporäres Postennetz vorhanden ist, wagen wir unsere ersten Schritte als Orientierungsläufer. Dabei befolgen wir *fünf Grundsätze:*

Erster Grundsatz: Karte einnorden

Ob wir als Tourist in einer fremden Stadt mit Hilfe des Stadtplans auf die Suche nach Sehenswürdigkeiten gehen, ob wir uns als Autofahrer im ländlichen Straßennetz mit Hilfe der Straßenkarte zurechtfinden wollen oder ob wir als OL-Läufer mit Hilfe der OL-Karte den schnellsten Weg durch den Wald unter die Füße nehmen wollen — immer gilt es, einen zentralen Grundsatz zu beachten: Die Karte muß eingenordet werden. Was heißt das?

Die rote Spitze der Kompaßnadel weist immer nach Norden. Auf der OL-Karte weist, wie auf praktisch allen Karten, immer der obere Kartenrand nach Norden. Der Vergleich von Karte und Gelände — und Orientierungsarbeit beruht ja auf diesem Vergleich — fällt uns also am leichtesten, wenn wir die Karte mit ihrem Nordrand nach Norden richten, denn so halten wir sie *lagerichtig.*

Dazu ein Beispiel: Nehmen wir an, wir bewegen uns auf einem Pfad, links von uns liegt ein See, rechts von uns erhebt sich ein Hügel, und vor uns gabelt sich unser Pfad, so erkennen wir auf einer lagerichtig gehaltenen oder — wie der Fachausdruck lautet — eingenordeten Karte auf der linken Seite unseres Pfades den See, auf der rechten Seite den Hügel, und in unserer Laufrichtung erkennen wir die Gabelung unseres Pfades *(vgl. Abb. 24).*

Sobald wir über etwas Routine verfügen, wird es gar nicht mehr immer erforderlich sein, zum Einnorden der Karte den Kompaß einzusetzen, denn oft genügen auch markante, in der Natur gut erkennbare Geländelinien wie Wege, Hügelzüge, Bachläufe oder Waldränder als Anhaltspunkte, um die Karte lagerichtig zu halten.

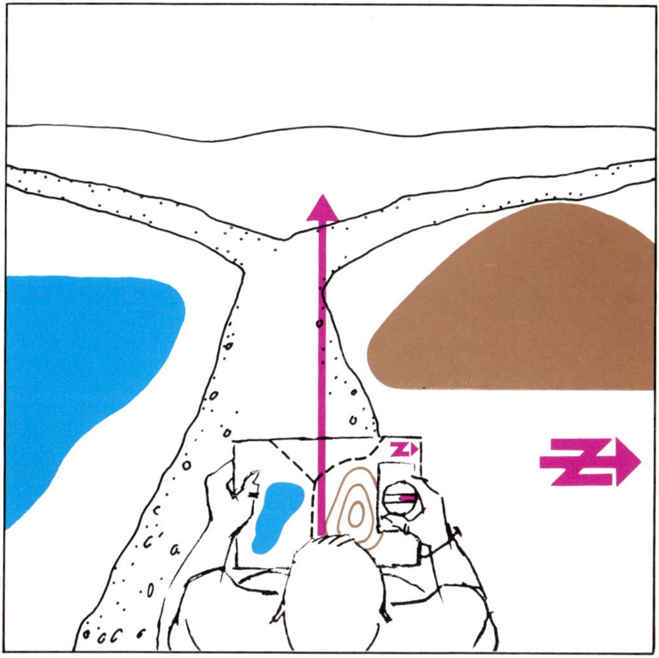

24 *Karte nach Gelände einnorden*

Am Anfang mag es ungewohnt sein, daß die eingenordete Karte mit ihrer Beschriftung seitlich oder sogar «auf dem Kopf» steht. Entscheidend ist jedoch, daß wir sie immer in Blick- oder Laufrichtung vor uns halten, so dass – auf unsere Laufrichtung bezogen – links, rechts, vorne und hinten auf der Karte auch im Gelände links, rechts, vorne und hinten liegen *(vgl. Abb. 25).*

25 *Karte einnorden: immer in Blick- oder Laufrichtung vor uns halten*

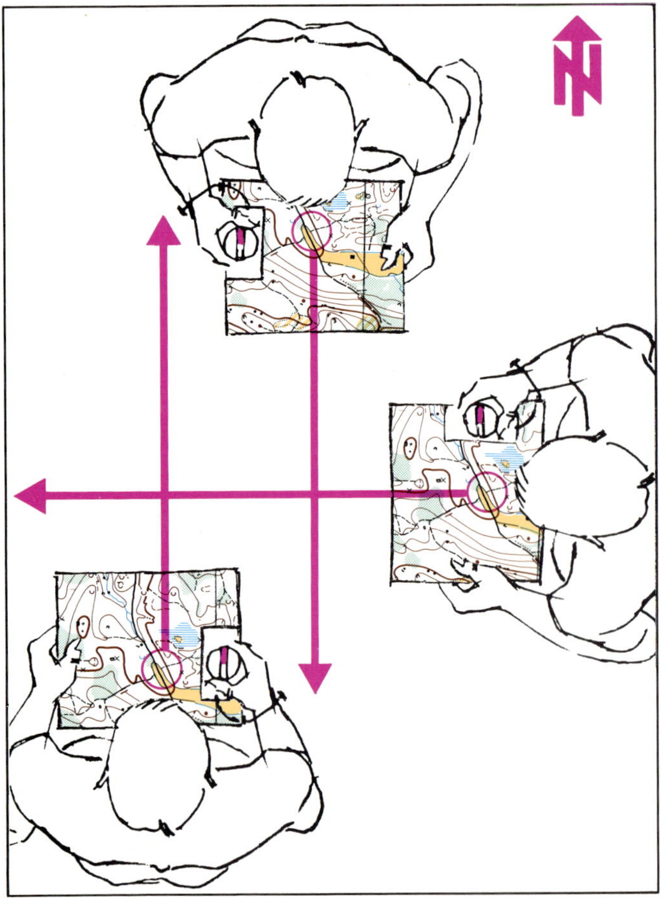

Aufgaben D und E: Welcher Kartenausschnitt gibt die zuoberst gezeigte Geländeansicht lagerichtig wieder? (Lösung siehe Seite 76)

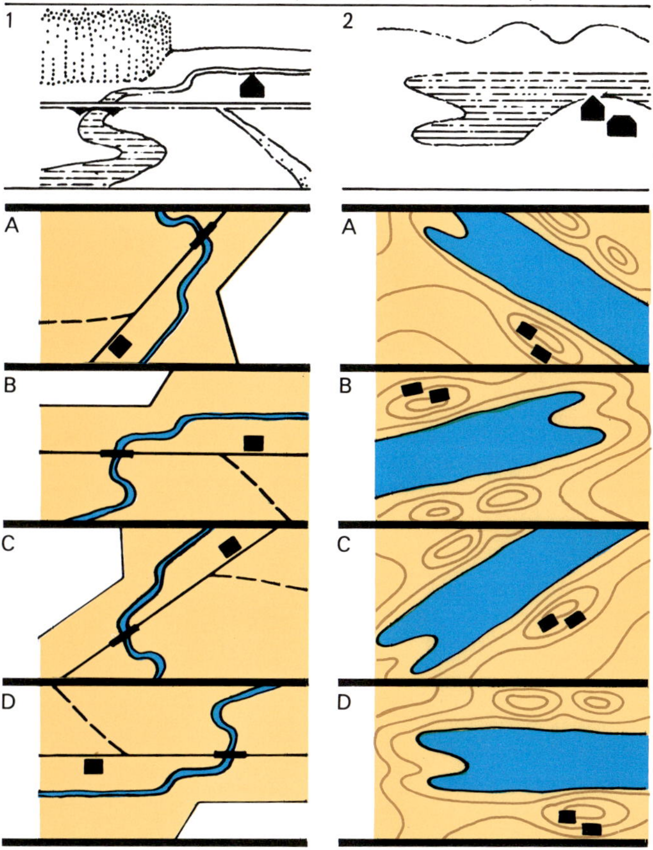

1 = ...

2 = ...

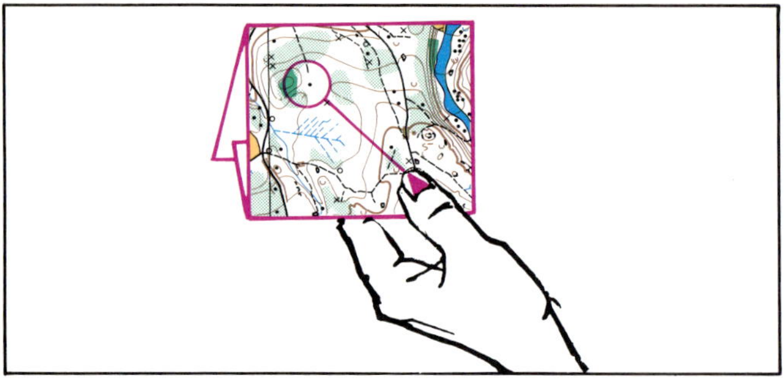

26 *Karte auf handliche Größe falten — Daumen markiert Standort*

Zweiter Grundsatz: Karte auf handliche Größe falten
OL-Karten haben heute oft das Format A4 oder größer. Das ist für den schnellen Gebrauch im Wettkampf zu unhandlich, und auch dem gemütlichen OL-Wanderer kommt das viele Papier immer quer in die Finger. Deshalb «verkleinern» wir die Karte, indem wir sie auf die Größe zusammenfalten, die wir gerade benötigen. Die gefaltete Karte soll nie größer sein als Postkartenformat *(vgl. Abb. 26)*.
Wettkampfbahnen werden natürlich oft über den von uns nach oben gefalteten Kartenausschnitt hinausführen. Da müssen wir die Karte im Laufe des Wettkampfes eben ein- oder mehrere Male neu falten, was sich aber im Laufen ohne Zeitverlust erledigen läßt. Falls die Felder für die Kontrollochungen an den Posten auf der Karte aufgedruckt sind, müssen wir diese sowieso an jedem Posten entfalten, um die Lochung anzubringen, und nach dem Posten im Weglaufen neu falten.

Dritter Grundsatz: Daumen auf Karte markiert Standort im Gelände
Auch eine Karte, die eingenordet und auf ein handliches Format zusammengefaltet ist, kann Verwirrung stiften. Und zwar dann,

wenn wir nach einem Abschnitt, den wir im Laufschritt zurückgelegt haben, den Blick wieder auf die Karte werfen und den neuen Standort herauszufinden versuchen. Da muß man je nach Kartenbild und Ermüdungsgrad längere Zeit suchen, bis man sich auf der Karte wieder zurechtfindet. Im Wettkampf kann das zu Nervosität, übereilten Entscheidungen und damit zu Fehlern und Zeitverlusten führen.
Das läßt sich ganz einfach vermeiden. Wenn wir den Kompaß in der rechten, die Karte in der linken Hand halten, so soll der Daumen der linken Hand die zurückgelegte Strecke abdecken. Der Daumennagel der Haltehand soll auf der Karte immer den Standort bezeichnen *(vgl. Abb. 26)*. Eine handlich zusammengefaltete Karte wird man auch im Laufen problemlos so halten können, daß der Daumen beim nächsten Blick auf die Karte immer noch auf den letzten Standort weist und uns somit die Mühe erspart, uns auf der Karte von Grund auf neu zurechtzufinden, bis wir den neuen Standort gefunden haben.
Spezialisten gehen sogar so weit, auf dem Daumennagel der Haltehand mit Filzstift einen roten Pfeil aufzuzeichnen, dessen Spitze den Standort noch genauer markiert als die breite Rundung des Nagels *(vgl. Abb. 26)*.

Vierter Grundsatz: Karte und Gelände dauernd vergleichen
Am besten starten wir am Waldrand. Wir werfen einen Blick in das vor uns liegende offene Gelände. Wir versuchen, die sichtbaren Straßen und Gebäude, die Gewässer und Baumgruppen, vor allem aber die Geländeformen auf unserer Karte wiederzuentdecken: Tal, Ebene, Graben, Kuppe, Abhang, Hügel usw. Wenn wir mit der Interpretation der Höhenkurven noch Mühe haben, überlegen wir uns, wie es aussähe, wenn hier das Ufer eines Sees oder Tümpels wäre: Der Wasserrand läge genau dort, wo die Höhenkurve verläuft.
Danach gehen wir ins Waldesinnere, halten die Karte lagerichtig nach Norden und marschieren *von Objekt zu Objekt*. Dauernd vergleichen wir Karte und Gelände.
Um die Geländeform als Höhenkurve zu «erfühlen», versuchen wir einmal, in geneigtem Gelände *immer auf gleicher Höhe zu*

gehen, das heißt einer Höhenkurve zu folgen, die beispielsweise durch zwei nebeneinanderliegende, dickichtfreie Gräblein verläuft. Wir betrachten dabei in Gedanken die Höhenkurve unserer Wahl «von oben», wie auf Seite 29 f. beschrieben, und werden feststellen: wo sie sich nach innen, uns entgegen, krümmt, beschreibt sie tatsächlich einen Graben, wo sie sich nach außen krümmt, einen Rücken oder eine Rippe.
Gewöhnen wir uns bei diesem ersten Gang ins Gelände auch an, immer die *Distanz* von Objekt zu Objekt zu bemessen. Der Maßstab als Grundlage dieser Berechnung ist auf jeder Karte aufgedruckt. Doch wir müssen darauf achten, die Distanzen zwischen den Objekten am Anfang nicht grösser als 100 bis maximal 200 m werden zu lassen. Es schadet auch nichts, wenn die Objekte sogar in Sichtweite voneinander entfernt sind.

Fünfter Grundsatz: Distanz, Gelände und Objekte gedanklich vorwegnehmen

So gewöhnen wir uns nach und nach an die Distanzen, wir staunen, wie schnell wir von Objekt zu Objekt vorankommen, wir bewundern die Genauigkeit der OL-Karte, wir erfahren die Vorteile einer lagerichtigen und praktisch gefalteten Karte, wir ärgern uns, wenn wir versehentlich mit dem Daumen auf der Karte gerutscht sind und den letzten Standort dadurch verloren haben, und allmählich stecken wir uns etwas entferntere Ziele. Auch Distanzen von 200 und mehr Metern werden wir sicher meistern, wenn wir nicht einfach draufloslaufen.
Bald werden wir uns dabei ertappen, wie wir nach den ersten erfolgreichen Aktionen kühner werden, wie wir einzelne der drei Fragen nicht mehr stellen, wie wir durch schnelleres Vorgehen Zeit zu gewinnen meinen und erschreckt aus unserm Erfolgstraum erwachen, wenn wir uns das erste Mal verlaufen haben. Dann gehen wir eben wieder etwas langsamer vor, prophezeien uns wieder sorgfältiger, was wir auf dem nächsten Teilstück zu erwarten haben, und tasten uns Schritt für Schritt an unser Ziel heran. Am besten halten wir uns dabei an das Merkwort *NORDA.* Werfen wir dazu einen Blick auf Abbildung 27.

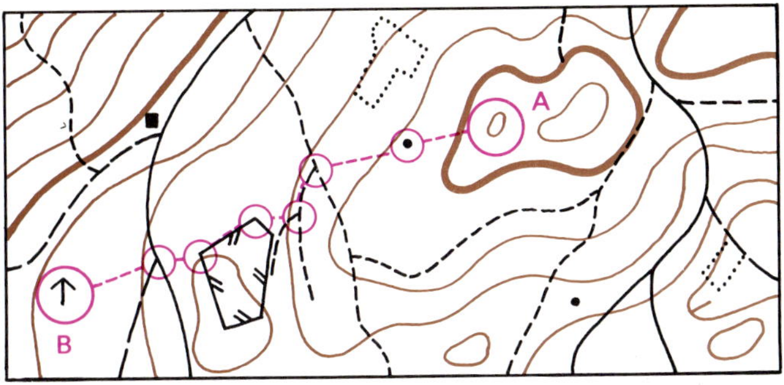

27

Maßstab 1:10 000

Bevor wir uns von Punkt A entfernen, beachten wir fünf Dinge:

N wie **N**orden: Karte nach Norden ausrichten

O wie **O**rientierungspunkt: Welches ist das nächste Zwischenziel, an dem ich mich orientieren kann?

R wie **R**ichtung: In welcher Richtung liegt dieser nächste Orientierungspunkt?

D wie **D**istanz: Welche Distanz muß ich zurücklegen bis zu diesem Orientierungspunkt?

A wie **a**uf oder **a**b: Wie viele Meter muß ich steigen oder fallen bis zum nächsten Orientierungspunkt?

Abbildung 27 zeigt die Orientierungspunkte bzw. die Zwischenziele, über die wir uns Schritt für Schritt an Posten B heranpirschen: zuerst die 100 m zum Stein (knapp 10 m Gefälle), dann die 105 m zur Wegverzweigung (5 m Gefälle), 55 m zur Weggabelung, 50 m zur ersten Zaunecke, 75 m zur zweiten Zaunecke (etwa 2 m Steigung), 45 m zur Weggabelung (knapp 5 m Gefälle) und zuletzt noch 110 m zum Posten B an der Futterkrippe (knapp 5 m Gefälle).

Jeder Orientierungspunkt, den wir nach der vorausgesagten Distanz anlaufen, gibt uns eine Bestätigung, ein Erfolgserlebnis und ein Gefühl der Sicherheit.

28

Den entscheidenden Schritt in unserer Karriere als OL-Läufer haben wir jedenfalls getan: Wir haben uns selbständig, nur mit Hilfe der Karte und des nach Norden weisenden Kompasses, im Gelände zurechtgefunden, wir haben uns Aufgaben gestellt und diese lösen können, wir haben uns im Wald frei bewegt wie in unserem Garten, auch abseits von Wegen und Pfaden. Wir haben Vertrauen in die OL-Karte und in unser Können gewonnen: Wir sind reif für größere Aufgaben.

Wie messe ich Distanzen im Gelände?

Im Verlaufe unserer ersten Orientierungsversuche im Gelände hat sich gezeigt, daß manche Fehler die gleiche Ursache haben: die falsche Einschätzung der Distanz. Schon im vorhergehenden Kapitel wurde darauf hingewiesen, wie wichtig es ist, sich über die zurückzulegende Distanz klarzuwerden, bevor man ein Teilstück in Angriff nimmt. Doch was hilft es, wenn wir aufgrund der Karte die Distanz bis zum nächsten Orientierungspunkt richtig vorausberechnen, diese Distanz im Gelände jedoch nicht richtig abmessen können? Also sind darüber einige Worte am Platz.
Wir unterscheiden grundsätzlich zwei Methoden der Distanzmessung: den *Distanzblick* und das persönliche *Schrittmaß.* Die Meinungen darüber, welche Methode die zuverlässigere sei, gehen auseinander. Sicher ist nur, daß das persönliche Schrittmaß rascher zu brauchbaren Resultaten führt, während der Distanzblick eine beträchtliche Erfahrung voraussetzt. Für Neulinge dürfte deshalb das persönliche Schrittmaß die erfolgversprechendere Methode sein.

Das persönliche Schrittmaß
Das persönliche Schrittmaß schwankt je nach Geschwindigkeit, Ermüdungsgrad, Bodenbeschaffenheit, Steigung oder Gefälle usw. Deshalb kann die Tabelle unten nur einen groben Rahmen nennen, innerhalb dessen jedermann sein persönliches Schrittmaß selber berechnen muß. Es genügt auch nicht, sein persönliches Schrittmaß einmal zu berechnen und dann zu meinen, damit sei das Distanzproblem für alle Zeiten gelöst. Denn je

Anzahl Doppelschritte auf 100 m

Laufunterlage	Erwachsene	Kinder
Weg	30–40	35–50
Waldboden	35–45	40–55
Fallholz, tiefer Boden	40–50	50–65
Geröllfelder, Sumpf	50–65	65–80

Tiefere Zahl: ebene Laufunterlage. Höhere Zahl: steigende Laufunterlage

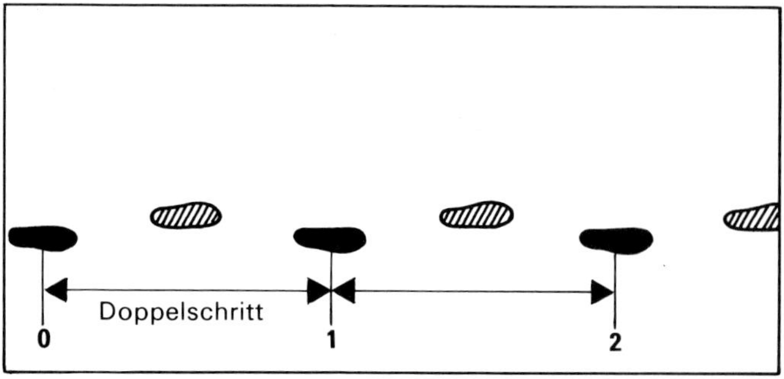

29 *Beim Schrittmaß zählen nur Doppelschritte.*

nach Trainingszustand verlängern oder verkürzen sich unsere Schritte, und deshalb müssen wir auch unser Schrittmaß von Zeit zu Zeit überprüfen.

Für das Schrittmaß werden Doppelschritte gezählt *(vgl. Abb. 29)*. Jeder Abstoß z. B. des rechten Fußes erhöht also unsere Zählung um eine Einheit. Bei der Berechnung des persönlichen Schrittmaßes beginnen wir am besten auf einem flachen Weg, der 300 bis 500 m lang keine wesentlichen Wechsel in seiner Neigung und in seinem Belag aufweist. Laufen wir z. B. 500 m; diese Distanz läßt sich ja aufgrund der Karte unschwer berechnen. Wir laufen diese Distanz in einem regelmäßigen Tempo ab und dividieren am Schluß die Anzahl Doppelschritte für die ganzen 500 m durch 5. So kommen wir auf die durchschnittliche Anzahl Doppelschritte auf 100 m.

Natürlich könnten wir auch bloß 100 m laufen und die dabei resultierende Anzahl Doppelschritte als unser Maß bezeichnen. Doch bei diesem Vorgehen ist die Gefahr groß, unbewußt schneller zu laufen, als man es über ein längeres Teilstück durchhalten könnte. Entsprechend verlängern sich im Test dann auch die Schritte, und so gehen wir im «Ernstfall» von einer zu tiefen Schrittzahl aus.

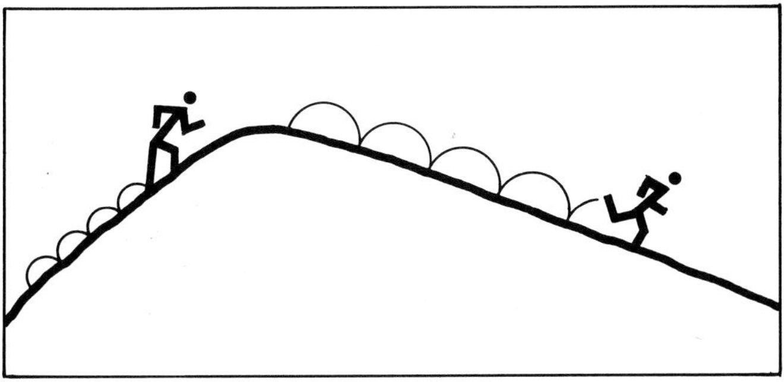

30 *Das persönliche Schrittmaß ist veränderlich.*

Damit haben wir natürlich erst unser Schrittmaß auf ebenen, gut belaufbaren Wegen getestet. Das gleiche muß jetzt noch in Steigung und Gefälle, auf Waldboden mit und ohne Fall- und Unterholz, auf tiefen, morastigen Pfaden unternommen werden *(vgl. Abb. 30)*. In jedem Fall wird aber erst die Erfahrung dem persönlichen Schrittmaß die erforderliche Zuverlässigkeit verleihen.

Der Distanzblick

Noch ausgeprägter als das persönliche Schrittmaß ist der Distanzblick eine Frage der Routine. Denn Distanzen wie 100 m oder 80 m, die allenfalls von der Leichtathletik-Laufbahn her etwa «im Auge» sein könnten, helfen im Wald nicht viel, da man hier kaum je 80 oder 100 m weit sieht. Als brauchbares, meist noch überblickbares Maß hat sich der 50-m-Blick erwiesen.

Doch wie kann man sich diesen 50-m-Blick aneignen? Mit Hilfe der Karte mißt man auf einem Waldweg eine Distanz von 50 m ab. Diese Distanz versucht man nun «in den Blick» zu nehmen und läuft sie ab. Nach diesen 50 m läuft man gleich noch 50 m weiter und überprüft nun diese erste aufgrund unseres Distanz-

blicks gelaufene Strecke mit Hilfe der Karte oder auch eines Meßbandes. Wenn das geklappt hat, setzen wir mehrere 50-m-Stücke zu 200- oder 300-m-Distanzen zusammen. Auch diese größeren Distanzen überprüfen wir mit Hilfe der Karte.
Die Vorteile der Distanzblickmethode gegenüber dem Schrittmaß liegen auf der Hand: Anstatt sich mit jedem zweiten Schritt eine Zahl in den Kopf hämmern zu müssen, was die Konzentration auf die Karte beeinträchtigen kann, braucht man bloß die 50-m-Einheiten zusammenzuzählen. Für eine Distanz von 300 m kommt man damit auf die Zahl 6, während man mit dem persönlichen Schrittmaß ungefähr auf 100 zählen müßte! Außerdem läßt sich der Distanzblick der wechselnden Bodenbeschaffenheit, der Steigung oder dem Gefälle usw. leichter anpassen als das persönliche Schrittmaß.
Trotz diesen bestechenden Vorteilen des Distanzblicks ist aber für den Neuling, wie schon erwähnt, das persönliche Schrittmaß die zuverlässigere Methode. Auf keinen Fall aber verlasse man sich auf das Distanz«gefühl»! Das mag sich bei Könnern in jahrelanger Wettkampferfahrung herausgebildet haben, in die Wiege gelegt wird es jedoch niemandem!

Wie setze ich den Kompaß ein?

In den meisten Sportarten gibt es einen Ausrüstungsgegenstand, der zum allgemein bekannten, äußerlich sichtbaren Symbol der betreffenden Sportart geworden ist. Im Tennis ist es das Racket, dessen Griff meistens aus der Sporttasche herausragt und deren Träger als Tennissportler ausweist; Skifahrer und Langläufer sind an ihrer Kleidung oder, falls sie in «Zivil» reisen, mindestens am Skisack zu erkennen; Jungen, die zum Fußballspiel fahren, erkennt man am Ball auf dem Gepäckträger des Fahrrades und am Dreß sowie den Stulpen ihres Lieblingsklubs; Kanufahrer, Radfahrer, Reiter und Ruderer sind in beziehungsweise auf ihren Fortbewegungsmitteln vollends nicht zu übersehen.

31 *Das Signet des SOLV (Schweizerischer OL-Verband)*

Als Symbolgegenstand im OL-Sport gilt gemeinhin der Kompaß. Immer jedenfalls, wenn es gilt, OL-Signete zu schaffen, bemühen die Herren Verbands- und Vereinsgewaltigen sowie die Grafiker dieses Instrument *(vgl. Abb. 31).* Dem Kompaß werden Wunderkräfte zugeschrieben, und glücklicher Besitzer eines Kompasses zu sein ist für viele gleichbedeutend mit der Sicherheit, sich nie mehr zu verirren, alle Orientierungsprobleme wie mit Zauberhand zu lösen. Mancher Leser wird sich deshalb gewundert haben, daß bisher eine eingehende Würdigung dieses Zauberinstrumentes ausgeblieben ist.
Der Leser mag beruhigt sein: Das Wichtigste, was der Kompaß im mitteleuropäischen OL-Sport zu leisten vermag, ist auf Seite 36 im 1. Grundsatz («Karte einnorden») gesagt worden: Die wichtigste Funktion, die der Kompaß bei uns zu übernehmen hat, ist die Angabe der Nordrichtung, damit wir unsere Karte jederzeit lagerichtig in den Händen halten. Und da, wie wir gesehen haben, oft auch Wege, Waldränder, Wasserläufe oder andere markante Geländeformen diese Hinweisfunktion übernehmen können, ist der Kompaß bei uns nicht von zentraler Bedeutung. In unseren meist weiträumig und klar gegliederten, von vielen Orientierungsmerkmalen durchsetzten Wäldern ist er keine Hauptsache, sondern ein Hilfsmittel.
Das schließt natürlich nicht aus, daß der Kompaß auch bei uns seine Bedeutung haben kann, etwa in Gebieten, in denen wir uns weder an Geländeformen noch an Einzelobjekten orientieren können, also in flachen Gebieten ohne Wege, Zäune, Rinnen und Punktobjekte: Hier kann der Kompaß mit Gewißheit helfen.

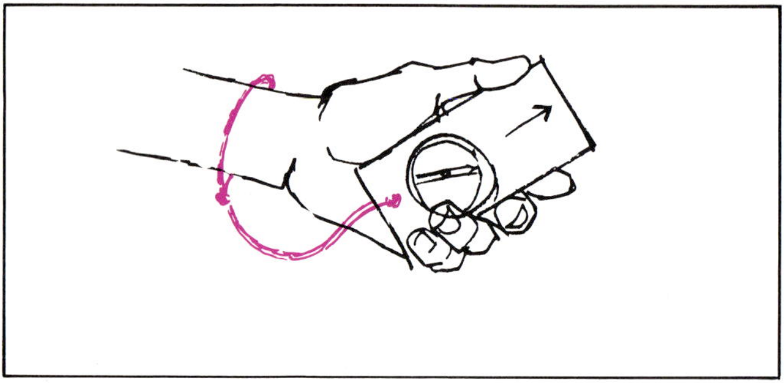

32 *Wir tragen den Kompaß am Handgelenk.*

Kompaß auf Karte

Die einfachste Methode, den Kompaß einzusetzen, nennen wir «Kompaß auf Karte». Diese Methode baut direkt auf dem Grundsatz des «Einnordens» auf, den wir bereits kennengelernt haben.

Wir tragen den Kompaß am Handgelenk unserer stärkeren Hand. Damit die Hand bei ungeschickten Bewegungen nicht aus der Schnurschlaufe schlüpft, was mühsames Suchen nach unserem Kompaß zur Folge haben kann, knüpfen wir einen Knoten in die Kompaßschnur. Die dabei entstehende Schlaufe muß so eng sein, daß wir mit der Kompaß-Haltehand gerade noch hindurchschlüpfen können. So bleibt die Kompaßschnur am Handgelenk hängen, auch wenn uns der Kompaß einmal entgleitet *(vgl. Abb. 32).*

In einem flachen Gelände wählen wir einen Punkt A als Ausgangspunkt und einen Punkt B als Zielpunkt *(vgl. Abb. 33.)* Mit der Kompaßlängskante verbinden wir die beiden Punkte in Laufrichtung, so daß der Pfeil auf der Kompaßplatte in die Laufrichtung weist *(vgl. Abb. 33/1).* Mit dem Daumen fixieren wir den Kompaß auf der Karte und tun nun nichts anderes als bisher auch: Wir drehen uns mit der Karte und dem darauf fixierten Kompaß, bis das rote Nordende der Kompaßnadel

33 *Kompaß auf Karte*

1) *Mit Kompaßlängskante Ausgangspunkt A und Zielpunkt B verbinden*

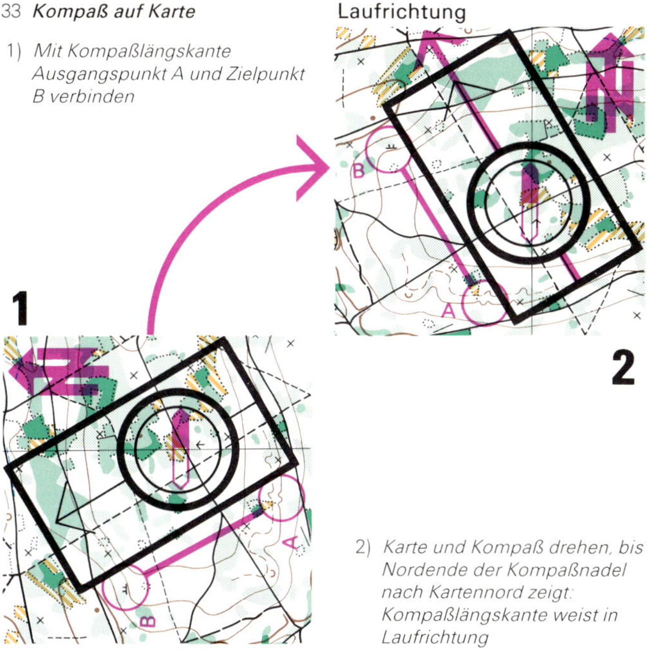

2) *Karte und Kompaß drehen, bis Nordende der Kompaßnadel nach Kartennord zeigt: Kompaßlängskante weist in Laufrichtung*

nach Kartennord zeigt, bis also die Kompaßnadel parallel zu den Nordlinien der Karte verläuft. Jetzt weist die Kompaßkante oder auch der Pfeil auf der Kompaßplatte in die gewünschte Laufrichtung zu Punkt B *(vgl. Abb. 33/2).*
Jetzt rufen wir uns nochmals die Distanz zu unserem Zielpunkt in Erinnerung und laufen in der vom Kompaß gewiesenen Richtung los. Dabei halten wir den Kompaß etwa in *Bauchnabelhöhe* vor uns *(vgl. Abb. 34)* und wählen möglichst weit entfernte *Hilfspunkte,* die in der Laufrichtung liegen, zum Beispiel einen markanten Baum, ein Gebüsch, einen Felsblock. Am ge-

34 *Zur Richtungskontrolle Kompaß auf Bauchnabelhöhe halten*

wählten Hilfspunkt angekommen, überprüfen wir die Laufrichtung, wählen einen weiteren Hilfspunkt und wiederholen das bis zum Zielpunkt. Kleine *Hindernisse* wie Dickichte, Brombeer- oder Stechpalmengebüsche umgehen wir, indem wir einen Hilfspunkt dahinter im Auge behalten. Falls wir den Hilfspunkt aus den Augen verlieren, kontrollieren wir sofort die Laufrichtung, korrigieren allenfalls leicht nach Gefühl und wählen einen neuen Hilfspunkt. Und bei alldem dürfen wir nicht vergessen, die Distanz zu überprüfen und die Karte zu lesen! Beachtet wer-

35 *Hochspannungsleitungen und Metallgegenstände stören die Magnetnadel*

den muß, daß Hochspannungsleitungen und Metallgegenstände eine Kompaßnadel empfindlich stören können.
Die Technik «Kompaß auf Karte» ist für allgemeine Richtungsangaben, etwa beim Weglaufen vom Posten, sowie für kürzere Distanzen in gut belaufbarem Gelände ideal. Sie ist schnell und zuverlässig.

Kompaß ohne Karte

Erst wenn es um längere Kompaßstrecken geht, also über 200 bis 300 m, was in Mitteleuropa übrigens sehr selten ist, oder in schwer belaufbarem, ruppigem Gelände muß der Läufer eine Kompaßtechnik beherrschen, die die Gefahr ausschließt, daß der Kompaß auf der Karte während des Laufens verrutscht und daß somit die Laufrichtung neu eingestellt werden muß. Die Methode, die wir in diesen Verhältnissen anwenden, heißt «Kompaß ohne Karte». Sie wird in Skandinavien, dem Ursprungsgebiet des OL-Sportes, den OL-Schülern schon sehr früh beigebracht. Das hat seinen Grund darin, daß in Skandinavien das Gelände generell weniger markante Formen aufweist, daß es dort weniger Orientierungshilfen wie Wege, Zäune, unverwechselbare Wasserläufe usw. gibt und daß zudem der Boden meist schlechter zu belaufen ist als bei uns. Der Kompaß hat deshalb im skandinavischen OL ein viel stärkeres Gewicht. Die Methode «Kompaß ohne Karte» baut auf der Methode «Kompaß auf Karte» auf und erweitert sie insofern, als die Laufrichtung von der Karte auf den Kompaß übertragen wird, so daß wir allein mit dem Kompaß, ohne Karte, zum nächsten Zielpunkt laufen können. Wir mögen stürzen, stolpern oder den Kompaß fallen lassen: das schadet alles nichts, denn die korrekte Laufrichtung ist in der Kompaßdose festgehalten.

Wir gehen in drei Schritten vor *(vgl. Abb. 36)*:

1. Wir verbinden auf der Karte Ausgangspunkt A und Zielpunkt B mit der Kompaßlängskante, wobei der Pfeil auf der Kompaßplatte in Laufrichtung weist *(vgl. Abb. 36/1)*.
2. Die Kompaßdose wird gedreht, bis die Nord-Süd-Linien der Dose mit den Nord-Süd-Linien der Karte parallel laufen. Die Nordmarke der Dose muß nach Kartennord zeigen. Die Laufrichtung ist damit auf den Kompaß übertragen und kann im Gelände ohne Karte eingeschlagen werden *(vgl. Abb. 36/2)*.
3. Wir drehen uns mit dem Kompaß, bis der Nordteil der Magnetnadel (die rote Spitze) in die Nordmarke der Dose einschwingt. Damit weist die Kompaßplatte in Laufrichtung zu Punkt B, auch wenn die Nordnadel in eine ganz andere Richtung zeigt *(vgl. Abb. 36/3)*.

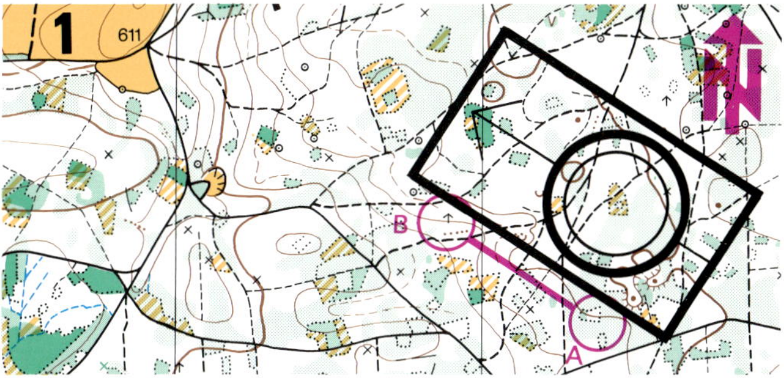

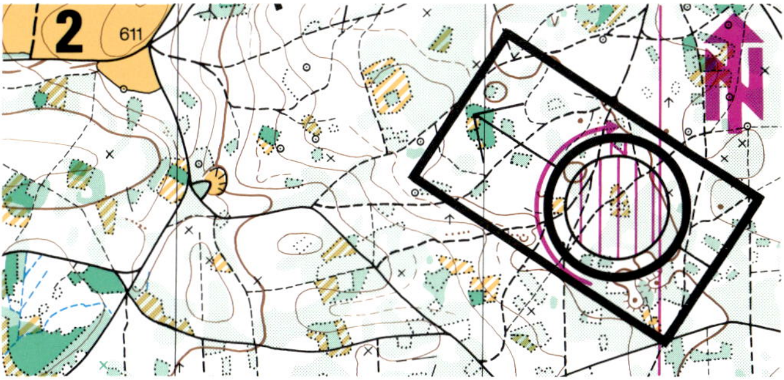

3

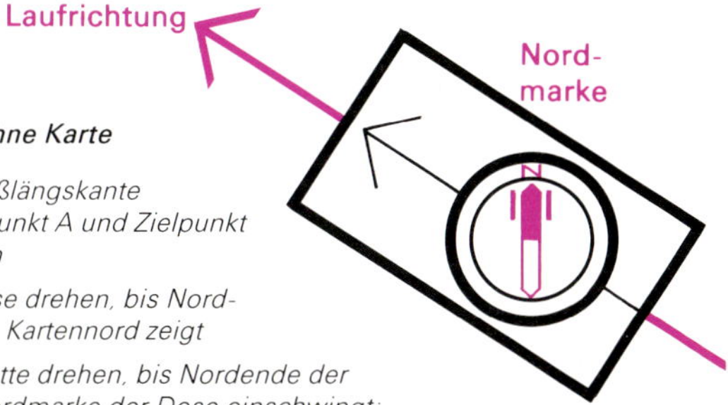

36 *Kompaß ohne Karte*

1) *Mit Kompaßlängskante Ausgangspunkt A und Zielpunkt B verbinden*
2) *Kompaßdose drehen, bis Nordmarke nach Kartennord zeigt*
3) *Kompaßplatte drehen, bis Nordende der Nadel in Nordmarke der Dose einschwingt: Kompaßlängskante weist in Laufrichtung.*

37 *Der Kompaß ist kein fliegender Teppich!*

Diese Dreischritt-Technik ist an sich sehr einfach. Trotzdem sei jedermann davor gewarnt, diese Methode allzu früh und allzu häufig anzuwenden. Denn wie oft hat man es schon erlebt, daß sich Kompaßfans in sturer Instrumentenhörigkeit quer durch Brombeerfelder und Dickichte gekämpft haben, wo doch 20 m neben ihrem Leidensweg ein bequemer Pfad zum gleichen Ziel geführt hätte! Aber wer nur noch den Kompaß sieht, der vergißt die Karte, auf der Pfade und andere Orientierungshilfen eingezeichnet sind, die uns viel sicherer ans Ziel führen können als ein Kompaß-«Blindflug».
Wir sehen also: Der Kompaß ist kein fliegender Teppich, der uns mit traumwandlerischer Sicherheit von Posten zu Posten trägt. Der Kompaß muß bewußt und gezielt eingesetzt werden: im Normalfall zum Einnorden der Karte, seltener als «Kompaß auf Karte» und sehr selten — in Mitteleuropa mindestens — als «Kompaß ohne Karte».

Wie wähle ich meine Route?

Wer die Feuertaufe im Gelände erfolgreich bestanden hat, dem stehen, wie bereits angetönt, «größere Aufgaben» bevor. Doch zunächst sollen die wichtigsten Grundsätze nochmals in Erinnerung gerufen werden:
Die Karte wird immer *eingenordet* und auf eine handliche Größe *gefaltet,* der *Daumen* markiert auf der Karte immer den Standort, wir *vergleichen dauernd Karte und Gelände* und *prophezeien* uns Distanz, Geländeform und Objekte, die wir bis zum nächsten Zwischenziel zu erwarten haben.
Sobald die Distanzen zwischen den Posten länger als ungefähr 300 m werden, können wir uns nicht mehr einfach in der beschriebenen Weise von Objekt zu Objekt an den Posten herantasten. Denn über längere Distanzen jedes Objekt im Gelände und auf der Karte zu überprüfen, würde viel zuviel Zeit beanspruchen. Wir müssen deshalb Kriterien besitzen, die uns eine optimale Wahl der Route zwischen den Posten ermöglichen. Die folgenden *fünf Fragen* verhelfen uns, wenn wir sie richtig beantworten, zur vernünftigen Routenwahl.

Erste Frage: Wie bleibe ich möglichst nahe an der Luftlinie?

Theoretisch wäre natürlich die Luftlinie die direkteste Verbindung zwischen zwei Posten. Aber nicht einmal im Flugverkehr, aus dem ja der Ausdruck stammt, wird genau auf der Luftlinie geflogen. Es gibt Luftstraßen, an die sich die Piloten zu halten haben, und es gibt Flug-Sperrgebiete, die für gewisse Kategorien von Flugzeugen tabu sind. Auch im OL-Sport kommt die Luftlinie als Laufroute kaum in Frage. Natürliche Hindernisse wie Hügel, Gräben, Gewässer, Kulturland, Dickichte, Felswände usw. lassen sie mühsam oder sogar unbegehbar werden. Wir suchen uns deshalb Verbindungen, die möglichst wenig Abweichungen von der geometrisch idealen Luftlinie aufweisen. Das tönt theoretisch sehr einfach. Doch gerade hier beginnt die immer neue Herausforderung des OL-Sportes. Sie läßt sich auf eine einfache Frage reduzieren: *Wie groß darf ein Umweg gerade noch sein, wenn er einen Zeitgewinn einbringen soll?*

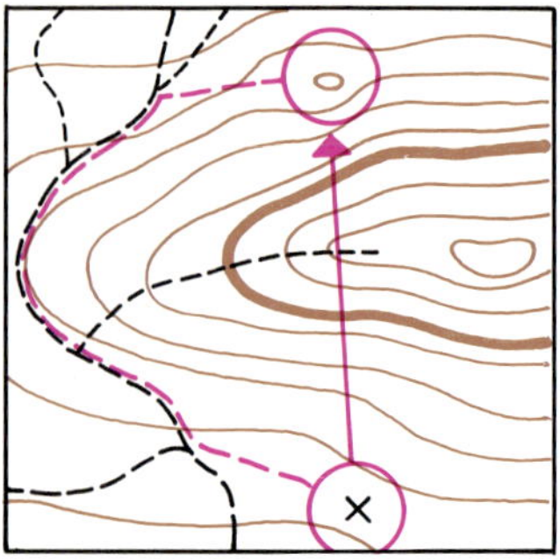

38 *Steigung oder Umweg?*

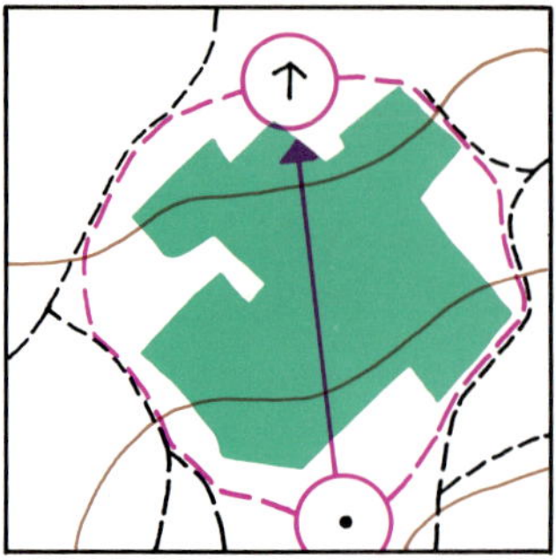

39 *Dickicht oder Umweg?*

Steigung oder Umweg?

Als Rechenaufgabe halbwegs zu lösen ist die Frage, wo es um die Alternative «Steigung oder Umweg» geht, wenn die Luftlinie zwischen zwei Posten über einen Hügel oder durch einen Graben führt *(vgl. Abb. 38)*. Zu diesem Problem gibt es Erfahrungswerte, mit denen sich berechnen läßt, ob sich ein Umweg lohnt: Der Kraftverschleiß und die zeitliche Beanspruchung für 10 m Steigung werden etwa gleichgesetzt mit 100 m Lauf auf flachem Weg. Daraus ergibt sich folgende Formel: *Der Umweg muß kürzer sein als die Luftlinie plus 100 m pro 10 m Steigung.* Wo der Umweg länger ist, wählen wir die Luftlinie, trotz Steigung. Doch das ist nur eine Faustregel. Individuelle Stärken oder Schwächen sind darin nicht berücksichtigt. Für den bärenstarken Bergläufer wird diese Formel sicher anders aussehen als für grazile «Rollertypen». Und am Anfang eines Wettkampfes wird die Entscheidung vielleicht anders ausfallen als kurz vor dem Ziel. Letztlich ist es auch hier die persönliche Erfahrung, die uns die erforderliche Entscheidungssicherheit vermittelt.

Dickicht oder Umweg?

Noch ausgeprägter von individuellen Fähigkeiten des Läufers hängt die Routenentscheidung ab, wenn die direkte Verbin-

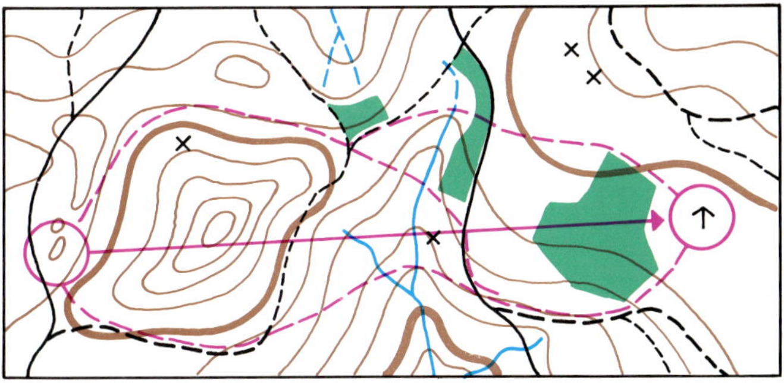

40 *Der Bahnleger stellt den Wettkämpfer dauernd vor Routenwahlentscheidungen.*

dung zwischen zwei Posten durch Unterholz, Dickicht oder über Steinfelder führt und wenn anderseits diese laufhemmenden Geländeabschnitte auf einem Pfad umgangen werden können *(vgl. Abb. 39).* Auch zu diesem Problem gibt es Erfahrungswerte: Im dickichtgeplagten Großbritannien ergab eine Untersuchung, daß die Laufgeschwindigkeit auf Wegen dreimal höher sei als durch Unterholz und fünfmal höher als durch Dikkicht. Da sich aber Begriffe wie Unterholz und Dickicht nur ungenau definieren lassen, ist auch unsere Formel zum Problem Dickicht oder Umweg nur sehr vage: *Der Umweg darf mindestens doppelt so lang sein wie die Route quer durch das Dikkicht.* Wie lange der Umweg längstens sein darf, das hängt von der Dichte des Dickichts ab, ferner vom Willen und von der Fähigkeit des Läufers, den Kampf mit dem Dickicht überhaupt aufnehmen zu wollen. Das gleiche gilt natürlich für Unterholz, Steinfelder, Geröllhalden usw.

Der Zeitfaktor

Der OL-Bahnleger stellt den Wettkämpfer nicht nur vor Probleme wie «Steigung oder Umweg?», «Dickicht oder Umweg?». Sein Ehrgeiz besteht geradezu darin, den Wettkämpfer wieder und wieder in Entscheidungsnotstand zu versetzen. Auf jedem

41 *Der Könner liest die Karte im Laufen.*

Teilstück soll sich dem Wettkämpfer eine Mehrzahl von möglichen und gangbaren Routen anbieten *(vgl. Abb. 40)*, und nichts ärgert ihn mehr, als wenn er einsehen muß, eine schlechte Route gewählt zu haben. Da spielt der *Faktor Zeit* eine große Rolle: Soll ich mehr Zeit in ein sorgfältiges Routenstudium investieren, damit ich nicht die zeit- und kraftsparendste Routenvariante übersehe? Oder soll ich gleich loslaufen, um nicht mit überflüssigem Kartenstudium Zeit zu verlieren? Auch hier fällt die Antwort differenziert aus: Am Anfang werden wir mehr Zeit in das Kartenstudium investieren müssen, wir werden dazu oft auch stehen oder langsam marschieren. Mit zunehmender Routine aber wird das geübte Auge schon sehr schnell die beste Route aus der Karte heraussehen, und überdies wird es uns gelingen, die Karte mehr und mehr im Laufen zu lesen *(vgl. Abb. 41)*.

Ein Trost zum Schluß: Auch dem Weltmeister unterlaufen noch Fehlentscheidungen in der Routenwahl. Darin besteht ja gerade die Herausforderung des OL-Sportes: In jedem Wettkampf ist jedes Routenwahlproblem neu, es gibt keine Wiederholung, und es gab noch kaum je einen Sieger, der von sich sagen konnte, er habe im gewonnenen Wettkampf nirgendwo Zeit verloren.

Zweite Frage: Welche Auffanglinien unterteilen meine Route in Teilstrecken?

Nehmen wir an, wir haben eine gute Route gefunden, die möglichst nahe der Luftlinie verläuft und die unseren technischen und läuferischen Fähigkeiten entspricht. Jetzt können wir uns ja nicht wie bei unseren ersten Gehversuchen mit der OL-Karte von Objekt zu Objekt vortasten, da kämen wir nirgends hin und überdies kaum zum Schwitzen. Wir unterteilen deshalb nach Möglichkeit die Strecke zum nächsten Posten in eine längere Teilstrecke, die ein schnelles Laufen mit wenig Kartenarbeit ermöglicht, und in eine kürzere Teilstrecke, auf der wir mit sauberem Kartenlesen hin zum Posten finden.
Ein guter Bahnleger wird sich bemühen, die Posten so zu setzen, daß kaum je Wege oder Geländelinien wie Zäune, Rinnen, Waldränder, Rippen, Bächlein usw. von einem Posten zum anderen führen. Solche Linienobjekte in Laufrichtung nennen wir *Leitlinien,* weil sie uns zum gewünschten Ziel «leiten». Da er aber diese Linien nicht aus dem Wald entfernen kann, wird er sie in irgendeiner Form in seine Bahnlegung einbeziehen müssen. Dies tut er dergestalt, daß er seine Teilstrecken die Geländelinien möglichst rechtwinklig überqueren läßt. Solche rechtwinklig zur Teilstrecke verlaufenden Geländelinien nennt man *Auffanglinien.*
Für den Wettkämpfer sind solche Auffanglinien eine praktische Einrichtung: Solange er die allgemeine Richtung zum nächsten Posten einhält, kann er mit Sicherheit damit rechnen, die vor dem Posten liegenden Auffanglinien zu treffen und sich daran zu orientieren *(vgl. Abb. 42).* Auffanglinien sind also genau das, was wir brauchen, um die Strecke zum nächsten Posten in eine

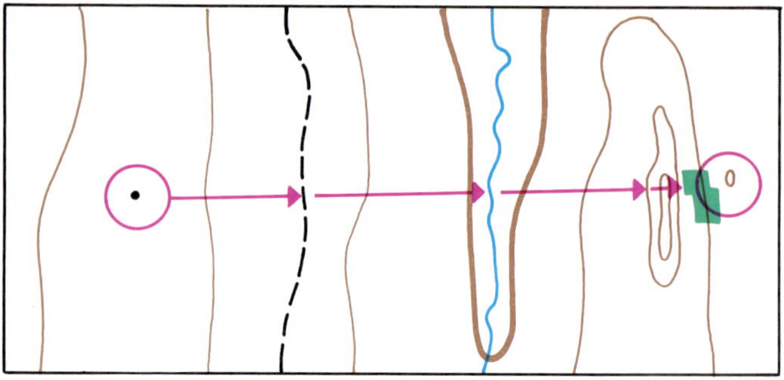

42 *Auffanglinien sind Orientierungshilfen unterwegs.*

längere, laufbetonte und in eine kürzere, orientierungsbetonte Strecke zu unterteilen. Die Kartenlesetechnik, die wir auf der laufbetonten Strecke handhaben, nennen wir *Groborientieren,* jene auf der kurzen Strecke zum Posten *Feinorientieren.*

Dritte Frage: Wie weit genügt die Groborientierung?

Aus dem Gesagten ist deutlich geworden, daß wir in der Phase der Groborientierung schneller sind als in der Phase der Feinorientierung. Wenn wir also im OL-Wettkampf Zeit gewinnen wollen, müssen wir versuchen, möglichst lange nur grob zu orientieren und möglichst spät zur Feinorientierung überzugehen.
Groborientieren ist eine Technik für Fortgeschrittene. Sie verstößt nämlich gegen zwei Grundsätze, die wir für den Anfänger formuliert haben: Erstens darf man sich beim Groborientieren nicht mehr bei den Details in Karte und Gelände aufhalten, und zweitens spielt beim Groborientieren der Kampaß eine recht wichtige Rolle. Denn beim Groborientieren geht es nur darum, möglichst schnell in Postennähe zu kommen. Details unterwegs lenken uns nur ab. Das einzige, was uns unterwegs interessiert, sind die Auffanglinien, an denen wir kontrollieren können, wie weit wir auf unserer Reise in Richtung Posten schon sind.

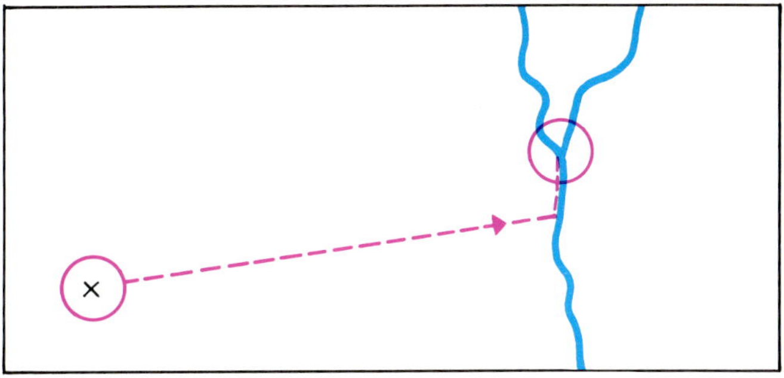

43 *Posten auf Auffanglinie: Kompaß seitlich einstellen*

Ein kleiner Trick: seitlich anpeilen

Nehmen wir an, ein Posten liege direkt auf einer Auffanglinie *(vgl. Abb. 43)*, in unserem Fall an einer Bachgabelung. In solch einem Fall ist es unvernünftig, den Kompaß am Ausgangsposten direkt auf den neuen Posten zu richten. Denn sonst kann es vorkommen, daß wir auf den Bach stoßen, den Posten wegen der beschränkten Sichtbarkeit im Walde nicht sofort sehen, mal bachabwärts suchen gehen, nach vielleicht 50 m umkehren, weil wir es nicht glauben können, daß wir so weit danebengeraten sind, die 50 m wieder zurücklaufen, dann auf der anderen Seite suchen gehen, bis wir nach über 100 zusätzlichen Metern endlich auf den Posten stoßen. Bei Kompaßläufen in der Groborientierungsphase ist im Zielbereich eine seitliche Abweichung von 10 Prozent der zurückgelegten Laufdistanz durchaus üblich. Nach einem Kompaßlauf von 300 m muß man also damit rechnen, bis zu 30 m neben dem Zielpunkt zu landen. Daraus leitet sich nun der angekündigte Trick ab: Man richte den Kompaß immer gezielt leicht seitlich neben den Posten, denn so weiß man — an der Auffanglinie angekommen —, auf welcher Seite man den Posten suchen muß. Die wenigen zusätzlichen Meter zahlen sich aus, wenn man dafür den oben beschriebenen Zickzack im Postenraum vermeiden kann.

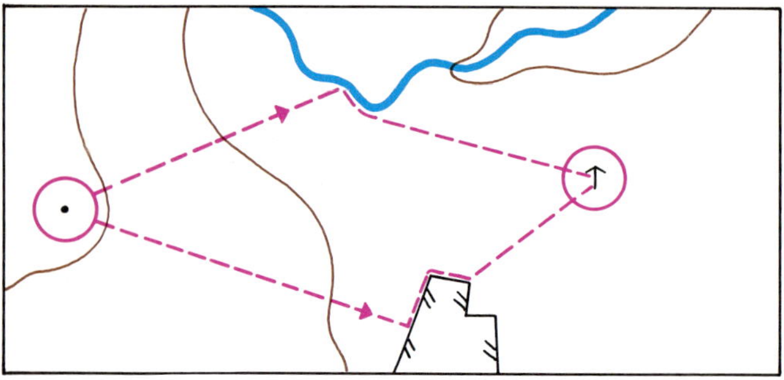

44 *Auffanglinie unterwegs: seitlich des gewünschten Kontrollpunktes anpeilen*

Das gleiche gilt für Auffanglinien zwischen den Posten. Denn um die Richtigkeit unserer Laufrichtung kontrollieren zu können, müssen wir vielleicht ein bestimmtes Bachknie, eine bestimmte Weggabelung, eine bestimmte Lichtungsecke passieren – der Bach an sich, der Weg an sich, die Lichtung an sich würden nicht genügen. Auch in solchen Fällen peilen wir die Auffanglinie leicht seitlich des gewünschten Kontrollpunktes an, um beim Auftreffen auf die Auffanglinie sofort zu wissen, in welcher Richtung wir zum Kontrollpunkt finden *(vgl. Abb. 44).*

Beim *Groborientieren* laufen wir also mit *Hilfe des Kompasses* und unter sorgfältiger Beachtung der *Distanz* bis zur letztmöglichen, klar erkennbaren *Auffanglinie* vor dem nächsten Posten und kontrollieren an den Auffanglinien unterwegs Richtung und Distanz. Von Details lassen wir uns nicht ablenken.

Vierte Frage: Wo beginnt die Feinorientierung?

Die Feinorientierung beginnt bei der letzten klar erkennbaren Auffanglinie vor dem Posten, und zwar bei einem *eindeutig be-*

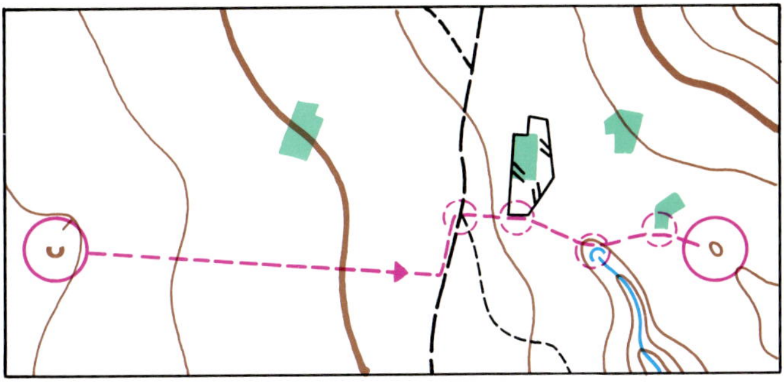

45 *Route von A nach B: Nach der Groborientierungsphase bis zur Auffanglinie (Weg) für die Feinorientierungsphase eindeutig bestimmbaren Ausgangspunkt wählen: Weggabelung. Dann von Objekt zu Objekt an den Posten B herantasten: Zaun links — Quelle rechts — Dickichtecke links — Posten.*

stimmbaren Ausgangspunkt: an der Wegkreuzung (nicht irgendwo am Weg), am Bachknie (nicht irgendwo am Bach), bei der Zaunecke (nicht irgendwo am Zaun). Von diesem letzten Ausgangspunkt aus gehen wir sehr sorgfältig in den Postenraum, *von Objekt zu Objekt* vergleichen wir Karte und Gelände und tasten uns so an den Posten heran, fast wie Anfänger, nur mit dem Unterschied, daß der Könner diesen Vergleich der Karte mit dem Gelände im Lauftempo vornehmen kann *(vgl. Abb. 45).*

Fünfte Frage: Wo liegen mögliche Fehlerquellen?

Es wurde schon einmal gesagt: Zur Faszination des OL-Sportes gehört, daß kaum jemand schon einmal einen fehlerfreien Lauf absolviert hat. Der OL-Sport ist so vielschichtig, stellt eine so einzigartige Kombination von psychischen, physischen und intellektuellen Anforderungen, daß unzählige Fehlerquellen denkbar sind. Die meisten ergeben sich aus dem psychischen und

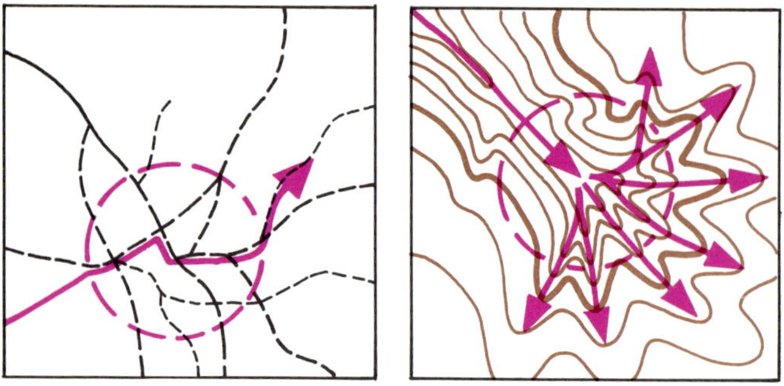

46 *Vielbeinige Wegspinnen und mehrteilige Grabensysteme lassen kartentechnische Schwierigkeiten erwarten.*

aus dem intellektuellen Aspekt, sind also Probleme der *Nervosität* und der *Karteninterpretation.*

Vor allem junge Läufer, aber auch ehrgeizige Vertreter älterer Jahrgänge patzen gleich schon nach dem Start: Sie wollen zu viel, verheddern sich und stehen plötzlich erstaunt in der Landschaft – nur leider nicht dort, wo sie eigentlich stehen sollten. Ein guter Anfang ist jedoch Voraussetzung für einen guten Wettkampf, das gibt Vertrauen und Zuversicht. Es lohnt sich also, *vorsichtig zu beginnen.*

Warum ein guter Start so wichtig ist, geht auch daraus hervor, daß man nach Fehlern nervös wird. Man will den Zeitverlust wettmachen, riskiert zu viel und läuft gleich in den nächsten Umweg. Also müssen wir *nach Fehlern erst recht Ruhe bewahren,* uns sauber orientieren und neu «einfädeln».

Die dritte Fehlerquelle ist die *Ermüdung.* Dieser Faktor spielt logischerweise meist in der Endphase eines Wettkampfes eine wichtige Rolle, aber je nach körperlicher Verfassung treten Ermüdungsfehler auch nach längeren Steigungen oder nach Laufduellen gegen stärkere Gegner auf. Bei Ermüdung und Konzentrationsschwäche orientieren wir uns deshalb besonders vorsichtig. Wo *kartentechnische Schwierigkeiten* bereits aufgrund der Karte zu erwarten sind (unübersichtliche Geländeformen, mehrteilige Grabensysteme, vielbeinige Wegspinnen, Schräghangpassagen usw., *vgl. Abb. 46),* heißt das Erfolgsrezept im Normalfall: *Tempo reduzieren!* In der Phase des Groborientierens allerdings soll man solche Stellen ohne Zwischenhalt passieren, falls Richtung und Distanz stimmen. Beim Feinorientieren hingegen wird man an solche Stellen mit aller erdenklichen Sorgfalt herangehen und lieber etwas länger die Karte lesen, als den falschen Weg, den falschen Graben oder den falschen Hügel zu erwischen.

Damit kennen wir nun die Kriterien, die uns eine vernünftige Routenwahl ermöglichen. Die fünf Fragen dieses Kapitels bilden eine Art Raster, der alle mit der Routenwahl zusammenhängenden Probleme abdeckt. Es dürfte sich empfehlen, die Routenwahl auch im Wettkampf nach diesen Kriterien zu richten. Daraus ergibt sich als Quintessenz eine *Checkliste,* die der Läufer *an jedem Posten durchgehen* soll:

Die fünf Fragen vor dem Weglaufen

1. Nächster Posten: Höher? Tiefer? Objekt?
2. Welche Route?
3. Wo sind Probleme möglich?
4. Bis wo Groborientieren? Ab wo Feinorientieren?
5. Welche Richtung, Distanz und Geländeformen führen zur ersten Auffanglinie?

Und ein Letztes: Die Routenwahlentscheidung, die am Posten getroffen wird, ist eine «Papierentscheidung» aufgrund der Karte. Eine Route soll grundsätzlich so abgelaufen werden, wie man sie geplant hat. Je nach Situation (z. B. nach einem Fehler, bei Ermüdung, aus taktischen Gründen) kann es aber erforderlich sein, die Route zu überprüfen und der neuen Situation anzupassen. Doch das sollte die Ausnahme sein.

B
640
D
A
C
H
F
E
750
G
K
760
J
L
M

Aufgabe F: Zeichne die Routen von A nach B, von C nach D, von E nach F usw. ein, die Deinem kartentechnischen und läuferischen Können am ehesten entsprechen.
(Lösung siehe Seite 77)

Vor, während und nach dem Wettkampf

«Jeder halbwegs vernunftbegabte Mensch kann sich orientieren, solange ihm unbeschränkte Zeit fürs Kartenstudium zur Verfügung steht. Der Größte aber ist derjenige, dem es gelingt, auch unter Zeitdruck vernünftige Routenwahlen zu treffen!» So pointiert ausgedrückt hat sich der ehemalige Steeple-Weltklassemann John Disley aus Großbritannien, der heute ein guter OL-Läufer und daneben auch Vorstandsmitglied im OL-Weltverband IOF ist. Wie Gordon Pirie, Chris Brasher, Ron Clarke, Herb Elliott und Anders Gärderud gehört er zu jenen ehemaligen Langstreckenstars der Leichtathletik, die sich nach Abschluß ihrer Leichtathletikkarriere dem Lifetimesport OL zugewendet haben. Der Wettkampf, der nach Disleys Meinung erst die Spreu vom Weizen trennt, soll uns deshalb in diesem letzten Kapitel beschäftigen.
Wer seine frisch erworbene Kartenlesetechnik erstmals erproben will, der höre nicht auf John Disley und beteilige sich an einem *OL ohne Zeitmessung,* wie er an vielen regionalen OL-Wettkämpfen angeboten wird. Der organisatorische Ablauf ist praktisch identisch mit demjenigen des *Wettkampf-OL,* den wir im folgenden *von der Anmeldung bis zur Auswertung* beschreiben, wie ihn der Teilnehmer erlebt.

Voraussetzungen für die Teilnahme gibt es keine, da der OL-Sport lizenzfrei ist. Auch eine Vereinsmitgliedschaft ist nicht erforderlich.

Ausschreibungen der OL-Wettkämpfe finden sich in den nationalen und regionalen OL-Zeitschriften, in den Kluborganen sowie auf Flugblättern, die an den Wettkampfveranstaltungen aufliegen.

Startgeld für Jugendliche Fr./DM 3.— bis 5.—, für Erwachsene Fr./DM 5.— bis 9.—, je nach Qualität der Karte und des Wettkampfes.

Anmeldung erfolgt normalerweise durch Postcheckeinzahlung; Name, Kategorie usw. werden auf der Rückseite des PC-Abschnitts zuhanden des Organisators gemeldet. Meldeschluß ist meistens 2 bis 3 Wochen vor dem Wettkampf. Nachmeldungen an Ort und Stelle sind an den meisten kleineren Wettkämpfen gegen eine geringe Zusatzgebühr möglich und für Schnellentschlossene und Wetterabhängige sehr praktisch.

Sammelort ist meistens ein Schulhaus in der Nähe des Wettkampfwaldes. Garderoben sind nach Geschlechtern getrennt. Falls keine Startliste verschickt wurde, gilt normalerweise das Prinzip «fliegende Startliste»: Die Läufer werden in der Reihenfolge des Eintreffens am Meldetisch auf die Startliste gesetzt. Wir lassen uns also eine Startzeit zuweisen und erhalten Startnummer, Postenbeschreibungen *(vgl. Abb. 47)* und OL-Karte. Wir zeichnen von einer Musterkarte Start und Ziel sowie etwaige Kartenkorrekturen ab und informieren uns, wann Zielschluß ist, das heißt, wann wir spätestens, mit oder ohne Postenquittungen, am Ziel zurück sein

H 15-16 A 5,0 Km, 80 m ↗, 14 Posten

1	(53)	Dickicht, NE-Ecke
2	(54)	Pfadende, überwachsen
3	(55)	Rinne
4	(57)	Senke, W-Seite
5	(58)	Dickicht, E-Ecke
6	(60)	zwischen den Hügeln
7	(49)	Dickicht, NW-Ecke
8	(43)	mittlerer Rinnenanfang
9	(41)	SW Wurzelstock, 1 m, W-Seite
10	(39)	Mulde
11	(46)	Wurzelstock, 0,7 m, E-Seite
12	(62)	Loch, 1 m
13	(63)	Rinnenanfang
14	(61)	Jungwuchs, NE=Ecke

100 m markiert zum Ziel

47 *Postenbeschreibungen informieren über Postenkennziffer, genauen Postenstandort innerhalb des Postenkreisleins, etwaige Pflichtstrecken und Länge des Zieleinlaufs.*

müssen, damit der Veranstalter keine Suchaktion starten muß.
Bei Unklarheiten fragen wir den Veranstalter oder die anderen OL-Läufer: Sie waren selbst auch einmal Neulinge und helfen gerne!

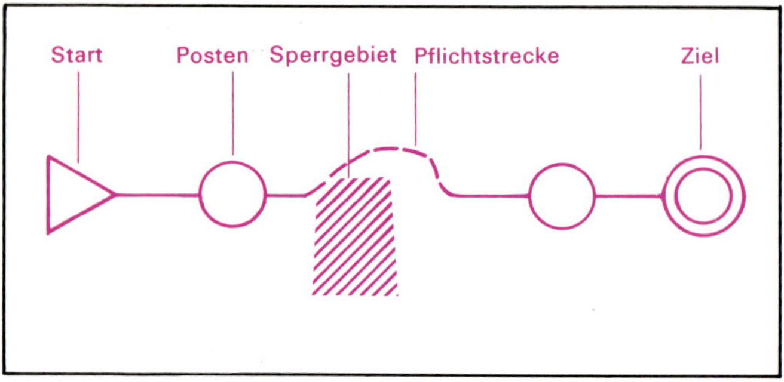

48 *Die Symbole zur Darstellung einer OL-Bahn*

Marsch zum Start: Haben wir nichts vergessen? Karte? Kompaß? Rotstift? Postenbeschreibung? Den Anmarschweg benützen wir zum Einlaufen. Kurz vor dem Start finden wir das Kleiderdepot, wo wir unseren Trainingsanzug im Tragsack deponieren: er wird vom Veranstalter ans Ziel geführt. Einige Minuten vor unserem Start werden wir aufgerufen.

Püst: (Postenübertragungsstelle): Hier zeichnen wir, bereits von den anderen Teilnehmern getrennt, aber immer noch vor dem Zeitstart, die ersten, vielleicht sogar alle Posten unserer Bahn ab. Sorgfältig abzeichnen! Posten verbinden und numerieren! Wir konsultieren die Postenbeschreibung und lernen Kennziffer und Standort des 1. Postens auswendig. Wir überlegen uns die Route zum 1. Posten und bestimmen Richtung, Distanz und Geländeformen bis zur ersten Auffanglinie.

	Die verbleibende Zeit bis zum Startzeichen verwenden wir dazu, die schwierigeren Routenwahlentscheidungen nach dem 1. Posten jetzt schon, wo wir noch ruhig denken können, zu treffen.
Start:	5 – 4 – 3 – 2 – 1 – Los!
Wettkampf:	*(vgl. Abb. 48)* Beherzigen wir das vorhergehende Kapitel! Vergessen wir nicht, an den Posten unsere Karte zu lochen. Und ein Tip: Wenn wir uns auf den letzten 100 m vor einem einfachen Posten überlegen, in welcher Richtung wir nachher weiterlaufen müssen, sparen wir jedesmal Zeit.
Letzter Posten:	Mit dem letzten Posten ist der orientierungstechnische Teil des Wettkampfes zu Ende, denn vom letzten

49 *Sprinten wir nicht zu früh!*

Posten führt eine ausgeflaggte Strecke bis ins Ziel. Die Postenbeschreibung sagt uns, wie lange der Zieleinlauf ist. Sprinten wir nicht zu früh, denn nichts ist peinlicher, als 100 m vor dem Ziel plötzlich langsamer zu werden!

Ziel: Nach dem Zieleinlauf wird uns die Karte mit den Postenquittungen abgenommen. Wir suchen das Kleiderdepot, ziehen uns warm an, beziehen am Verpflegungsstand unser Gratisgetränk und kommen plötzlich mit wildfremden Leuten ins Gespräch, denen wir im Wald auf ihre Frage hin vielleicht ihren Standort haben nennen können.

Garderobe: Vom Ziel spazieren wir zur Garderobe zurück. Nach der Dusche konsultieren wir die Schnellrangliste *(vgl. Abb. 50)*. An größeren Wettkämpfen werden grillierte Würste, Kuchen und Getränke verkauft, womit den Läufern das Warten auf Familienmitglieder, Freunde oder Klubkollegen verkürzt wird. Auch OL-Karten werden hier meistens angeboten, und Ausschreibungen für die nächsten Wettkämpfe liegen auf.
Rangverkündigungen werden selten durchgeführt.

Rangliste: wird zusammen mit der Laufkarte in der Woche nach dem Lauf zugeschickt. Damit beginnt die

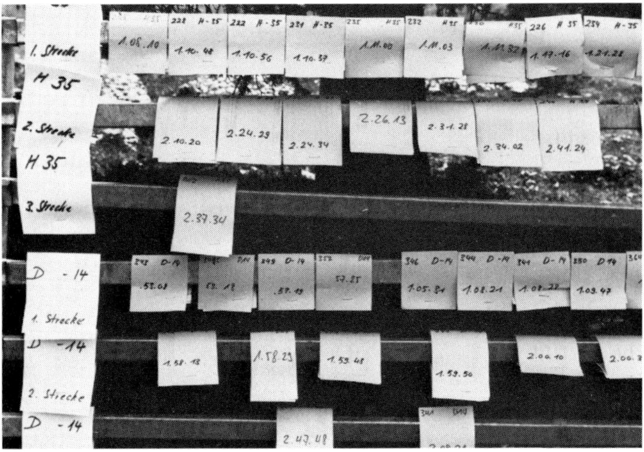

50 *Schnellrangliste*

Auswertung: Wir zeichnen millimetergenau die Strecke ein, die wir gelaufen sind, samt allen Umwegen! Der ganze OL mit vielen Kleinigkeiten, die wir längst vergessen glaubten, ersteht nochmals vor unserem geistigen Auge. Wir analysieren unsere Fehler. Vielleicht legen wir sogar einen Ordner an, in dem wir unsere Karten und Ranglisten aufbewahren.

Und wenn uns unsere Fehler keine Ruhe lassen? Dann versuchen wir's eben nochmals! Und nochmals! Und nochmals! Denn jedesmal geht es besser, aber nie perfekt. Damit sind wir schon mitten auf dem Weg zu unserem neuen Hobby. Zur permanenten Herausforderung. Zum Sport fürs Leben.

Lösungen der Aufgaben

Aufgabe A (S. 31): 1D, 2A, 3E, 4B, 5C

Aufgabe B (S. 31): A5, B1,C3, D2, E4

Aufgabe C (S. 34): Wasserrinne, Anfang — kleine Kuppe — unpassierbare Felswand — steile Böschung — Pfadgabelung — besonderes Objekt — Gebäude — Mulde — Grabenanfang — Loch — unpassierbarer Zaun, Ecke — durchkämpfbares Dickicht, Ecke — Waldrand — gefaßte Quelle — Bach — Trichter — Senke — Loch — übermannshoher Stein — Kahlschlag, Ecke — Karrweg — Teich — Pfadende — Schneisenecke — Futterkrippe

Aufgabe D (S. 39): 1B

Aufgabe E (S. 39): 2D

Aufgabe F (S. 69): siehe rechts (S. 77)

B
640
D
600
A
C
H
F
750
E
760
K
G
J
L
M

Weitere Informationen über OL

Adressen von örtlichen Klubs
OL-Karten-Verzeichnisse
OL-Karten-Bezugsstellen
Auskünfte über OL in der
BRD, in Österreich und in der Schweiz

Deutscher Turner-Bund (DTB)
Fachgebiet Orientierungslauf
Otto-Fleck-Schneise 8,
D-6000 Frankfurt am Main 71

Österreichischer Fachverband
für OL, Prinz-Eugen-Straße 12,
A-1040 Wien

Schweizerischer OL-Verband
(SOLV), Alte Landstraße 56,
CH-8803 Rüschlikon

Aktuelle OL-Information
OL-Nachrichten (Offizielles OL-Organ in der BRD):
Manfred Neitzel, Deutzer Straße 28, D-4040 Neuss 1

OL, Fachschrift für Orientieren und Laufen:
Verlag SOLV, Adresse siehe oben

OL-Agenda, Der Schweizer Orientierungslauf in Daten, Worten, Zahlen:
Verlag SOLV, Adresse siehe oben

IOF-Report, The magazine of international orienteering, und IOF-Bulletin:
Published by the International Orienteering Federation (IOF), Secretary General Mile End, Main Street, Donne GB-FK 16 GBJ, Scotland

OL-Literatur

Hanselmann Erich:
OL-ABC, Anleitung für den OL-Unterricht mit Jugendlichen, Magglingen 1974

Hartmann Herbert/Cornaz Stefan:
Orientierungslaufen (OL) als Freizeitsport in Schule und Verein, eine didaktische und methodische Einführung, Schorndorf 1978

Krauss Erich (Hrsg.): Orientierungslaufen, Berlin (DDR) 1980

Lerne Orientierungslaufen, OL-Anleitung, Verlag SOLV 1980

Signaturen für Schweizer OL-Karten, Verlag SOLV 1979

OL-Material

OL-Materialstelle, Gyrhaldenstraße 50, CH-8953 Dietikon
Katalog verlangen!

Sachwortverzeichnis